독한 놈이 이긴다

독한 놈이 이긴다

• 황성진 지음 •

한스컨텐츠

  수년 전 나에게 거의 연달아 세 가지 불행이 찾아왔다. 존경하던 아버지께서 세상을 뜨셨고, 아내와의 결별로 가정이 붕괴되는 일을 겪었고, 하던 사업마저 실패해서 많은 빚을 떠안게 되었다. 왜 하필 나에게 이런 불행이 오는지 억울했고, 사는 것이 싫다는 생각마저 했다. '그때 자기연민에 빠져 무너져버렸다면……' 하고 생각하면 지금도 아찔하다.

  주변을 둘러보니 나보다 더한 시련을 겪는 사람들이 눈에 띄었다. 사실 내 처지는 비할 바가 못 되었다. 그리고 놀랍게도 그런 극한의 고통을 달게 감내하며, 희망과 목표를 향해 강인하게 질주하는 분들도 계셨다. 그리고 그들은 언제 그런 아픔이 있었냐는 듯 다시 우뚝 섰다.

  그분들의 비밀이 무엇인지, 나는 지금 어떻게 해야 하는지 해답을 갈구했다. 그리고 나는 모든 면에서 독해져야 함을 깨달았다. 허약하고, 태만하며, 무절제하고, 우유부단한 삶을 이어간다면 위기를 넘는 것은 고사하고 아무것도 할 수 없을 것이다. 사실, 시련은 이런 생각으로 나를 이끈 계기가 되었을 뿐, 특정한 고통이 없다 하더라도 독해지지 않으면 제대로 살 수 없다는 생각을 하게 되었다.

그리고 독하게 살기 위해 많이 노력했다. 지금도 부족하기 짝이 없지만, 예전의 나와 비교하면 참으로 많이 성장했다는 생각이 든다. 아침잠이 많은 게으른 내가 새벽에 일어나 묵상으로 하루를 시작하게 되었고, 그 시간을 이용해 독하게 사는 것에 대해 내 나름대로의 정리를 해나갔다. 그리고 그것이 한 권의 책을 이루게 되었다.

이 책을 읽는 독자 여러분들께서는 독하게 사시기 바란다. 그럼으로써 스스로를 성장시킬 뿐만 아니라 많은 사람들에게 유익을 주기를 바란다. 사람으로 태어난 궁극의 이유는 사회에 어떤 식으로든 공헌하기 위해서가 아니겠는가? 부디 독한 사람들로 거듭나기를 간절히 기원한다.

2010년 3월 황성진

| 차례 |

CHAPTER **1**

독한 사람이 착한 사람이다

독함을 재정의한다

'독하다'는 말이 '착하다'는 말의 정반대의 뜻으로 사용되는 것을 많이 볼 수 있다. '독한 놈'이라는 말은 자연스럽지만 '독한 분'이라는 표현은 왠지 어색하게 느껴진다. 순종과 예절, 체면이 강조되는 전통적 가치관의 영향을 받았기 때문인지, 우리는 무의식적으로 부드럽고 순한 것을 착한 것처럼 생각하곤 한다.

그런 점에서는 나도 마찬가지였다. 성격은 좋지만 끈기나 열정, 대인관계의 과단성이 없어 업무성과가 떨어지는 동료나 부하직원을 보면서 "그 사람은 너무 착한 게 문제야……"라고 말하거나 독하고 악착같은데다 인간관계에서도 맺고 끊는 것이 철저한 사람들을 보면서 "지독한 놈, 저렇게 돈 벌고 출세해서 뭐가 좋다고……"라고 홍보곤 했다. 나는 착하게 사는 것이 좋은 것이라는 신념을 어슴푸레하게나마 가지고 있었고 그 대척점에는 '독함'이 있었다. 이런 사고방식이 일과 생활, 인간관계에 많은 영향을 끼친 것 또한 사실이다.

그런데 우연한 기회를 통해 '독함'에 대한 나의 편견에 균열이 가기 시작했다. 가까운 친구들끼리 모인 자리였다. 나는 교사인 친구(그는 교육심리학을 전공했고 그 분야에 정통한 사람이다)에게 착함이 유전되는 것인지, 환경과 교육, 학습 등에 의해 획득되는 것인지, 두 요인이 섞여 있다면 어느 쪽이 더 결정적인지를 질문했다. 그 친구는 명쾌하게 답을 내놓는 대신, 엉뚱한 질문을 던졌다.

"넌 착한 게 뭐라고 생각하냐?"

나는 이 단순한 질문에 답하지 못해 머뭇거렸다. 그 친구는 이야기를 이어갔다.

"착함에 대한 정의가 문제지, 다양한 관점이 존재하니까. 일반적으로 볼 때 착하다는 것은 지적이고 의지적인 측면을 포함하지. 그리고 역사적이기도 해. 한 시대에 착하다고 칭찬받던 것이 다음 세대에는 착한 것이 아닐 수도 있지. 어쨌든 단순히 볼 것은 아니야. 착하게 살려면 무엇이 옳은지 알아야 하고, 그것을 실현할 수 있는 의지와 실천력이 동반되어야 해. 그래야 다른 사람을 배려하고 위해줄 수 있지 않겠어. 혹시 순한 성격과 착한 것을 같은 것으로 간주하고 질문했다면, 그건 잘못된 생각이야. 부도덕하고 사악한 집단에서 유순하게 자기 역할을 하는 사람을 착한 사람이라고 볼 순 없지. 오히려 독한 사람이 착한 사람일 수 있지. 아니, 현대 사회에서는 독한 사람들이 착한 사람일 거야."

나는 독한 사람이 착한 사람이라는 이야기에 큰 충격을 받았다. 그 충격의 여파는 오래갔다. 더 이상 나의 독하지 못함을 착함이라는 명분 뒤에 숨기며 자신을 합리화할 수 없었다. 생각이 꼬리에 꼬리를 물었다.

나는 아침마다 독서를 하며 명상하는 시간을 갖고 있는데 이 일이 계기가 되어 그 시간을 이용해 독함에 대해 깊이 생각하게 되었다. 그리고 여러 사람들의 이야기들을 접하며 진정한 선량함은 독함을 통해 실현될 수 있다고 확신하게 되었다. '선량함에 이르게 하는 독함'은 오랫동안 나의 화두가 되었다. 그동안의 내 고민의 역사가 이 책에 고스란히 담겼다.

착함은 목표이고 독함은 수단이다

나는 여전히 '착한 사람'을 꿈꾼다. 착함이야말로 끊임없이 추구해야 할 인생의 목표라 생각한다. 그렇지만 무엇이 착한 것인지 알지 못한다면 막연한 '착한 사람 되기'는 온당한 목표라고 말하기 힘들 것이다. 앞에서 말했듯 나는 친구와의 대화에서 무엇이 착한 것인지에 대해 즉시 답하지 못했다. 그렇지만 조금씩 내 나름의 정의를 갖게 되었다.

그 힌트를 준 사람은 20세기와 21세기를 풍미한 위대한 경영이론가 피터 드러커였다. 그분이라면 이렇게 단순하게 정의했을 것이다. "자신의 강점을 바탕으로 자신의 일을 잘해냄으로써 타인과 사회에 공헌하는 사람이다."

일이 삶에서 큰 비중을 차지하는 나의 입장에서 피터 드러크의 시각은 매우 적절해 보였다.

가족, 직업, 지역사회, 종교, 친구집단 등 자신이 처한 삶의 현장과 여러 인간관계들 속에서 다른 사람들에게 진정으로 '공헌' 하는 것이야말로 착함이 아닐까?

타인과 사회에, 그리고 역사에 유익을 끼치는 착한 사람이 되기 위해서는 어떻게 해야 할까? 여기에 대해서는 위대한 삶을 살고 간 위인·현자들뿐만 아니라 주위의 사람들로부터 교훈을 얻을 수 있을 것이다. 그들은 착한 삶에 이르는 여러 가지 길들을 몸소 보여주었다.

그리고 나는 착함에 이르는 매우 효과적이며 강력한 수단으로서의 독함을 발견했다. 물론 사악한 사람들도 독함을 활용하고 있고, 이를 이용할 수 있다. 그러나 독함은 착함을 목표로 이용될 때 더 강한 힘을 발휘한다. 이 책 곳곳에 그 증거들이 들어 있다.

착한 사람들에게는 인생을 걸 만한 가치와 분명한 목표가 있었다. 그들은 여기에 지독하게 몰입했다. 다른 사람이 혀를 내두를 정도로 독하게 절제하고 자기관리했으며, 근검하고 성실했다. 어떤 경우에는 자신이 사랑하는 사람에게 매정하게 대하기도 했다(실제 속사정은 다르다). 이것은 당연한 일이다. 착하게, 옳게 살면서 다른 사람을 이롭게 하려면 스스로를 독하게 단련하고 절제하며,

치열하게 일하고, 근검할 수밖에 없기 때문이다.

내가 삶 속에서, 책 속에서 만나고 따르고자 하는 사람들은 하나같이 착한 사람들이었다. 또한 그분들은 모두 독한 사람들이었다. 그들에게 독함은 착함에 이르는 강력한 수단이었다.

요컨대 착해지려면 독해져야 한다. 착하게 살고 싶다면 독하게 살아야 한다.

우리는 좀 더 독해질 필요가 있다

나는 중소규모의 제조업체를 운영하는 두 사람의 경영자를 알고 있다. 먼저 소개할 분은 그야말로 사람 좋은 분이다. 모두가 그를 법 없이도 살 만한 사람이라고 칭찬했다. 그는 남에게 싫은 소리 한마디 못하는 여리고 유순한 성격의 소유자이다.

사업을 하면서도 그의 성품은 여실히 드러났다. 잦은 지각 등 근무태도가 나쁜 직원, 부실하고 불성실한 업무태도와 낮은 성과를 보이는 직원 등 종업원들의 잘못에도 관대했으며(야단을 치지 않는 것이 관대하다면 그렇다), 거래업체의 사정을 잘 봐주었다. 그래서 받을 돈은 늦게 받고, 줄 돈은 빨리 주었다. 그리고 회식이며 접대가 있을 때에는 비싼 메뉴를 통 크게 대접할 줄 아는 사나이 중의

사나이였다.

그는 자타가 공인하는 좋은 사람이었고, 인과응보의 법칙을 믿었다. 지금 회사의 자금사정이 나쁘긴 하지만, 이렇게 선량하게 남에게 잘해주며 살다보면 언젠가는 사업이 잘 풀릴 것이라 생각하며, 혼자 속을 끓이면서도 묵묵히 일했다.

그렇지만 현실은 그의 바람과는 다르게 흘러갔다. 회사의 자금사정은 갈수록 더 나빠졌고, 성과는 떨어졌다. 거래처와 직원들은 아주 잠깐 그의 형편을 이해해주는 듯했다. 그동안 쌓아온 인덕 때문인 듯했다. 그렇지만 몇 달 지불을 하지 못하는 처지가 되자 그 좋던 관계에 금이 가기 시작했다.

그렇지 않아도 태만하던 직원들은 혹 회사가 망하면 자기는 어떻게 할까 슬슬 눈치를 보기 시작했다. 퇴사자가 속속 나왔고, 그들은 그때마다 자신들이 실업급여를 받을 수 있도록 고용보험공단에 퇴사사유를 허위로 보고할 것을 요구했다. 그는 차마 거절하지 못하고 다 들어주었다.

그러던 어느 날이었다. 그는 지방노동사무소의 호출을 받았다. 일찍 낌새를 알아차리고 퇴사한 직원 중 한 사람이 퇴직금 지불이 지연되자 그를 고발한 것이다. 그로부터 며칠 지나지 않아 한 거래처로부터 소액청구소송에 걸렸다. 그는 노동사무소와 법원을 출입하며 자신이 범죄자가 된 듯한 느낌을 받았다고 한다. 실제로 그는 이미 받을 돈을 못 받고 있는 거래처나 직원들에게 나쁜 사람이었다.

그는 간신히 마음을 추스르고, 위기를 극복하려 했다. 사업을 재건하고 남아 있는 직원들을 챙기기 위해 정부 지원을 받는 고용 조정 프로그램을 이용하려 했지만, 앞서 직원들이 퇴사할 때 허위 보고를 했기 때문에(그의 회사는 서류상으로는 이미 구조조정을 통해 많은 직원들을 해고한 것으로 되어 있었다) 그마저도 쉽지 않았다. 그는 깊은 좌절에 빠졌다.

다른 한 분은 그야말로 지독한 사람이다. 그는 높은 목표를 설정하고 그것을 달성하기 위해 매일같이 직원들을 닦달했으며, 신상필벌을 엄격히 했다.

거래처 관리도 철저했다. 단가나 서비스에 문제가 생기면 이를 엄격히 따졌고, 지불을 할 때도 금액을 올려서 책정하거나 기일을 앞당기는 일이 없었다. 받아야 할 돈이 있다면 하루에도 수차례 전화를 걸어 독촉하고 직접 찾아가서 반드시 받아냈다.

돈 씀씀이도 지나치게 알뜰했다. 그는 구두쇠로 불렸다. 주변의 대부분의 사람들은 그를 싫어했다. 여러 직원들이 그를 욕하면서 회사를 떠났고, 몇몇 거래처들도 마찬가지였다. 여러 사람들이 저런 식으로 하면 회사가 못 큰다고 악담을 했지만, 현실은 달랐다.

회사의 매출은 계속 높아졌고, 현금흐름도 좋았다. 직원들의 업무성과도 계속 개선되었고, 불성실한 직원이 빠진 자리는 유능한 사람들이 대신했다.

저열한 품질과 서비스를 '형님, 아우' 하며 메우려는 문제 있는 거래처들은 모두 정리되었고 합리적인 거래관계가 형성되었다. 그의 회사는 100% 납기를 맞추고, 일 잘하고, 미래지향적인 우량 기업으로 평가받았다.

직원들은 많은 성과급을 보너스로 받았을 뿐 아니라 자신의 업무 능력이 향상되는 것을 깨달았다. 거래업체들 역시 정당한 금액을 안정적으로 수금할 수 있었다. 어느새 그는 좋은 사장, 착한 사람이 되어 있었다. 많은 이들이 그를 존경하고 그에게 배우려 한다.

이 두 이야기들은 주변에서 많이 접할 수 있는 전형적인 사례이다. 아니면 바로 독자 여러분들의 이야기일 수도 있다. 세상이 불공평하게 느껴질지도 모르겠다. 왜 착한 사람이 복을 받지 못하고, 나쁜 인간들이 그것을 챙겨 가는지 한탄이 나올 수도 있다.

그러나 내가 알기로 이 두 분 모두 인격자이며, 좋은 사람들이다. 차이점이 있다면 한 분은 모든 면에서 독하지 못해 진정으로 착한 사람이 될 수 있는 기회를 놓쳤다는 것이고, 한 분은 독한 삶으로 착함을 실현했다는 것이다.

자신에게 관대한 것은 스스로를 편안하게 만든다. 그리고 상대방을 마냥 좋게 대하는 것, 야단치지 않는 것, 거절하지 않는 것도 마찬가지다. 그것은 일시적으로 그 사람에게 도움이 될 수도 있고 기분을 좋게 만들고 우호적인 관계를 이룰 수도 있다. 그러나 근본적인 관점에서 볼 때 이것은 자기 자신이나 타인을 좋게 대하는 것이 아니다. 결코 착한 것이 아니라는 말이다. 실질적인 공헌을 전혀 하지 못하기 때문이다.

오해하지 마시기 바란다. 나는 현실적인 성과를 내야만 착한 것이라고 생각하지 않는다. 실패하더라도 상관없다. 문제는 실패나 성공을 이루는 과정에 달려 있다.

만약 '착한 사람 콤플렉스'의 낡은 틀에 빠져서 독해야 할 때 독하지 못한다면 그것은 현실안주일 뿐 아무런 도움도 되지 않고, 심지어 해악이 될 수도 있다는 사실을 말하고 싶다.

앞에서 말했던 냉혹한 실패를 경험한 사장님과 그의 회사는 위기를 넘기고 있는 중이다. 그의 유순한 성격은 크게 변하지 않았다. 그러나 여러 차례의 질곡을 거친 그는 여러 측면에서 독한 모습을 보이고 있다.

직원들에게나 거래관계에서나 돈 씀씀이에서나 합리성을 갖추어가고 있다. 회사와 개인의 목표를 설정했고, 이것의 실현을 독려하고 있는 중이다. 때로 직원들을 질책하기도 하고, 더 나은 업무를 위해 거래처와 언쟁을 벌일 때도 있다. 어물쩍 넘어가는 일은 현저히 줄어들었다. 그는 이제야 사업을 어떻게 하는 것인지 알겠다고 말한다.

어떤 삶을 선택하고 싶은가? 진정으로 착하게 살고 싶은 우리는 좀 더 독해질 필요가 있다.

독한 사람은 어떤 사람인가?

나는 독한 사람이 착한 사람이고, 착해지기 위해서는 독해져야 한다고 말했다. 우리의 일상적인 관념으로 볼 때 이 말은 다소 역설적으로 들리기도 할 것이다. 그렇다면 이 책에서 내가 말하고자 하는 독한 사람이란 어떤 사람일까? 그들이 공통적으로 가지고 있는 독함이란 어떤 것일까?

우선 나는 독한 사람과 사악한 사람을 분명히 구분할 필요가 있다고 본다. 자신의 이익을 위해 눈 하나 깜빡하지 않고 다른 사람을 해치는 범죄자들, 가족이나 친지, 친구의 가련한 처지를 돌아보지 않는 무정한 사람들은 내가 보기에 독한 사람들이 아니다. 오히려 두려움에 사로잡혀 정당하게 승부하지 못하는 나약한 패배자일 뿐이다.

　그리고 절반쯤 독한 사람들도 있다. 생활에서 지독한 면모가 있고, 범죄자나 사악한 사람이 아니지만, 그 목표가 개인의 이해관계에 집중된 사람들은 절반만 독한 사람들이라 생각한다. 물론 부자가 되거나 높은 지위에 오르는 등의 개인적 성취는 그 자체로 나쁜 목표도 아니고, 지독한 노력이 있어야 달성할 수 있는 것이다. 그렇지만 '공헌'이 빠진 개인적 이해관계만을 지향하는 것은 복잡하고 다양하고 힘든 관계와 상황 속에서 주변을 배려하는 삶을 지향하는 것보다는 쉽고, 덜 힘들다. 따라서 절반만 독한 것이다.

　그렇다면 정말 독한 사람들은 어떤 사람들인가? 독한 사람들은 숭고한 가치를 지녔다. 자신의 신앙과 신념, 인류애와 애국심, 이웃을 향한 사랑을 위해서 기꺼이 목숨을 던지고 고통을 감내한다.

　그들은 높은 목표를 세우고, 여기에 집중한다. 주변을 돌아보지 않고 돌진한다. 장해가 되는 것들조차 두려워하지 않는다.

　독한 사람들은 높은 이상을 실현하고 목표를 달성하기 위해 무서울 정도로 자기 자신을 계발한다. 열심히 공부하며 실력을 쌓고 자신의 일에서 최고의 성과를 내기 위해 처절하게 노력한다.

　독한 사람들은 절제와 인내의 달인들이다. 그들은 진정으로 좋은 것을 위해서는 무엇인가를 버리고 포기해야 함을 아는 사람들이다. 심신이 피로하고 유혹이 거세지만, 그들은 안일함과 순간적

쾌락의 올가미를 뿌리치고 앞을 향해 나아간다.

독한 사람들은 장해와 상처, 고통 앞에서 진가를 발휘한다. 이들에게 삶의 고비들은 트레이닝의 계기일 뿐이다. 그들은 난관과 두려움을 넘어서서 새로운 성취를 지향하고 그것을 이루어낸다.

독한 사람들은 노력한다. 천부적인 재능이 부족하더라도 몇 갑절, 아니 몇십 갑절의 노력으로 그것을 보완하려 시도한다. 남들이 보기에는 처절하거나 어리석어 보이지만 그들은 그 과정을 즐긴다.

독한 사람들은 경제적으로나 시간적으로 알뜰하다. 그들은 불필요한 소비를 하지 않는 검약의 모습을 보인다. 그리고 써야 할 때 과감하게 쓰고, 가치 있는 것을 위해 가진 것을 아낌없이 내놓는다.

독한 사람들은 타인들에게도 독하다. 사랑하는 사람들에게는 더 독하다. 그래서 때로는 거절도 하고, 원하는 것을 주지 않기도 한다. 이들이 매정해 보일 수도 있다. 그러나 그들에게는 진심 어린 배려심이 있다. 그들은 곧 사라지거나, 부정적인 결과를 가져올 무언가를 주기보다는 항구적인 도움을 베풀려고 마음을 쓰고 그것을 실천한다. 그래서 이들은 결코 무정한 사람들이 아니다.

불의와 부정을 저지르지 않고, 자기 한 몸 챙기고 살기에도 버거운 세상이다. 이런 세상에서 타인을 배려하고 공헌을 하며 사는 것은 정말 힘들다. 그러려면 독해져야 한다. 독한 사람들은 존경받아야 하며, 우리는 독한 사람이 되어야 한다.

독함에 이르는 길

앞에서 "착함은 목표이고 독함은 그 수단이다"라고 말했다. 하지만 그 반대도 가능하다. 숭고한 가치나 이상을 실현하고 인생의 목표를 성취하기 위해서는 독해져야 하지만, 역으로 이상과 목표를 소유함으로써 독한 사람으로 바뀔 수도 있다는 뜻이다. 굳이 독해지겠다고 생각할 필요가 없다. 바라는 것을 분명히 하고, 열망을 강하게 가지면 그것으로 충분한 경우가 많다.

어영부영 안일한 일상을 보내며 후회와 패배감에 빠져 있는 사람들의 경우, 거의 대부분 자신이 진정으로 원하는 것이 무엇인지조차 모른다. 그렇지 않다 하더라도 그 원하는 느낌이 강하지 않거나, 원하는 대상의 실체가 흐릿한 경우가 많다.

누구나 부자가 되기를 원하는 것 같다. 그리고 그렇다고들 말한다. 그렇지만 실제로 사람들을 만나보면 상황은 다르다. 진정으로, 강하게, 구체적으로 그것을 열망하는 이는 그리 많지 않다. 고통이 따르더라도 반드시 그것을 성취해야겠다고 굳게 다짐한 사람은 드물다는 것이다.

독해서 착한 삶을 살고 싶다면 가치, 이상, 희망을 분명히 해야 한다. 그리고 그것을 구체적인 형태로 만들고 반복해서 되뇌는 것은 매우 효과적인 방법이다.

50년 전의 일이다. 한 실업계 고교생이 자신의 가방에 '서울대 총장 가방'이라고 큼직하게 써놓고 다녔다. 진학이 아닌 취업을 위해 실업계 학교에 다니고 있는데다 집안이 가난한 그의 제반 여건을 생각할 때 그것은 불가능한 일이었다. 그의 친구들은 그것을 코미디라고 여기며 비웃었다.

하지만 그는 가방의 문구를 분명한 목표로 생각했다. 결과부터 먼저 알아보자. 그가 서울대학교 총장이 되었을까. 아쉽지만 그렇지 않다. 같은 학교의 여러 친구들처럼 그도 졸업과 함께 취업을 했다. 그렇지만 꿈이 있는 그는 야간대학에 진학했다. 공부와 직장생활을 겸하는 일은 무척 힘들었지만 가방에 써놓은 문구는 그를 강하게 만들었다. 군대를 다녀오고 대학을 졸업한 후 그는 고등학교 교사가 되었다. 그리고 대학원에 진학했고 힘겹게 공부해서 박사학위를 받았다. 고등학교 교사를 하면서 10년 넘게 야간대학의 시간강사 생활을 했고 결국 전임교수 자리를 얻었다. 교수생활을 하면서 여러 가지 학문적 성취도 이루고 단과대학 학장을 거쳐 정년퇴임하셨다.

언젠가 그분은 이렇게 말씀하셨다. "사실, 가방에 그런 글씨를 써놓고 다니는 게 나도 부끄럽게 느껴졌어. 그렇지만 그 문구가 나를 이끌었지. 원하는 그만큼은 아니었지만, 강렬하고 분명한 꿈이 나의 인생을 만든 것이지."

자신이 진정으로 무엇을 원하는지 분명히 하자. 그리고 그것을 강렬하게 만들자. 우선 원하는 자신의 모습을 상상해보자. 그리고 그것을 기록하자. 그림으로 그려보자. 집이든 사무실이든 소지품에든 목표를 쓰거나 그린 종이를 붙여두자. 반복해서 그것을 보면서 상상하자.

전형적인 사례 하나를 소개하겠다. 스콧 애덤스(Scott Adams)는 작은 칸막이로 나뉜 사무실 책상에 앉아 근무하던 말단직원이었다. 그는 그곳에서 "나는 신문협회에 단체로 배급되는 만화를 그리는, 유명한 시사만화 작가가 될 것이다"라는 글귀를 하루에 열다섯 번씩 썼다. 그것이 바로 그가 꿈꾸는 미래였다. 그의 만화는 신문사들로부터 수도 없이 거절당했지만 그는 그 글귀를 쓰며 결코 포기하지 않았다.

그리고 결국 그는 자신이 기록하던 그대로 신문협회에 배급되는 만화를 그리는 시사만화 작가가 되었다. 그러나 이것이 끝이 아니었다. 그는 보다 더 큰 꿈을 꾸었고 역시 그것을 기록했다. 이번에는 "세계 최고의 만화가가 되겠다"가 그 문구였다. 그리고 그것도 똑같이 하루에 열다섯 번씩 썼다. 그의 이 기이한 행동은 무려 30년 동안 계속되었다. 그는 실제로 세계 최고의 만화가가 되었다.

독자 여러분들도 거의 대부분 스콧 애덤스가 만들어낸 만화 캐릭터 '딜버트'를 알고 계실 것이다. 신문과 잡지, 인터넷, 문구류나 기념품 등에서 딜버트를 자주 접할 수 있기 때문이다.

독자 여러분 중에는 하루에 열다섯 번씩 매일같이 자신의 미래를 적는 그의 행동이 유별스럽고 엽기적이라고 느끼는 분도 계실 것이다. 그러나 이렇듯 이상하게 보이는 애덤스의 행동은 꿈의 실현을 앞당기는 검증된 방법이다. 꿈을 구체적인 이미지로 표현하고, 그것의 성취를 믿고, 의지를 다지며, 내면에 각인시키는 것은 신비로울 정도의 효과가 있다.

강렬하게 원하며 그것을 구체적인 형태로 상상하고, 표현하고, 반복하는 것은 독한 삶, 성취하는 삶으로 당신을 이끌 것이다.

당신의 강한 열망은 결국 당신을 원하던 자리로 이끌 것이다. 하지만 강한 열망을 품었다고 해서 저절로 의지력, 인내심, 절제력, 단호함, 성실성 등의 독한 성품이 생기지는 않는다. 여기에는 많은 시간과 훈련이 필요하다.

성격은 좀처럼 바뀌지 않는다. 그렇지만 태도는 바뀐다. 게으른 사람을 부지런한 사람으로 바꾸는 것은 굉장히 힘들지만, 지각하는 직원을 지각하지 않게 만드는 것은 그보다 쉽다.

독한 인생을 살고 위대한 성취를 이루어내기 위해서 나 자신을 통째로 개조하겠다는 비장한 결심을 품어도 좋지만, 그보다는 시간계획, 행동패턴, 습관 등을 바꾸는 것이 효과적이다. 반복되는 비장한 결심보다는 작은 실천이 성과를 낳는다.

우리는 결심에는 너무 빠르고 실천에는 너무 느리다. 책 한 권 읽고 공부하는 독종이 되겠다고 여러 번 결심했다가, 술자리 몇 번에 무너지고 후회하는 일을 반복하지 말라. 그보다는 스터디그룹에 참여하거나 학원 강좌를 수강하는 것으로 약속을 모두 바꾸는 실천을 시작하라. 거실의 TV를 치워버리고 그 자리에 작은 서재를 만들어라. 이런 실천이 반복되면 그 과정에 작은 실패들이 있을 것이다. 그러나 이 과정을 거치고 나면 어느새 변화하고 있는 자신을 발견할 수 있을 것이다.

그리고 두 가지 권하고 싶은 것이 있다.

첫째는 멘토를 갖는 것이다. 평생을 배우고 존경할 분을 모시고 그에게 조언과 배움을 얻으며 함께 길을 가는 것이다. 나는 이영

권 박사님을 멘토로 모시고 그분에게서 많은 조언과 도움을 받고 있다. 생각해보면 이것은 내게 엄청난 행운이다.

둘째는 함께 뜻을 이루어갈 사람들과 모임을 갖는 것이다. 온라인도 좋고 오프라인도 좋다. 나는 몇 년 전부터 'plus3h.com' 이라는 자기계발 커뮤니티에 참여하고 있다. 이곳을 통해 나는 동기와 자극을 받는다. 그리고 구성원들끼리 서로 변화와 발전을 독려하면서 함께 성장하는 것을 느낄 수 있다.

독해지는 것을 너무 어렵게 생각하지 말자. '나는 안 된다' 고 지레 겁먹을 필요가 없다.

출발은 쉽고 단순하다. 원하는 것이 무엇인지 그것을 분명하고, 구체적이고, 강하게 만들어라. 그리고 그것을 기록하고 표현하라. 원하는 것을 현실로 만들기 위해서 하나하나 작은 실천을 반복하라.

사람이 통째로 바뀌어야 하는 것은 아니다. 자신의 타고난 강점과 성품을 바탕으로 얼마든지 자신만의 성공을 이룰 수 있다. 환경을 개선하라. 시스템을 재구성하라. 조금씩 그러나 어느 시점에는 비약적으로 변화한 자신을 만나게 될 것이다.

CHAPTER 2

숭고한 가치는
사람을 독하게 만든다

독해지는 가장 확실한 방법

독한 사람이 되는 가장 확실한 방법은 무엇일까? 나는 숭고한 가치를 품는 것이라 생각한다. 원대한 이상은 쉽게 실현될 수 있는 것이 아닌데다가 그 과정은 험난하다. 그 때문에 가치와 이상을 위해 노력하는 사람은 반드시 독해질 수밖에 없다.

맹자는 "天將降大任於斯人也 必先勞其心志 苦其筋骨 餓其體膚 窮乏其身行 拂亂其所爲 是故 動心忍性 增益其所不能(천장강대임어사 인야 필선노기심지 고기근골 아기체부 궁핍기신행 불란기소위 시고 동심인성 증익기소불능)"이라고 했다.

해석하자면 "하늘이 어떤 사람에게 큰일을 맡기려 명을 내리려 면, 반드시 먼저 그의 마음을 괴롭히고 그의 살과 뼈를 지치게 만들고 그의 육신을 주려 마르게 하고 그의 생활을 궁핍하게 해서, 그가 하는 일마다 그가 성취하고자 하는 일과 어긋나게 만든다. 그가 그 모든 고통을 이겨내었을 때야 비로소 하늘이 그에게 큰일을 맡긴다"는 뜻이다.

큰 뜻을 품은 사람, 큰일을 할 사람은 반드시 시련과 고통, 장벽을 만나게 되며, 이를 극복하기 위해 독해질 수밖에 없다. 독한 사람이 숭고한 가치를 품을 수 있는 것이 아니라, 숭고한 가치를 품으면 반드시 독해진다.

빌 하이벨스는《영적 몰입》이라는 책에서 숭고한 가치와 그렇지 못한 현실의 차이가 거대하고 '거룩한 분노'를 불러온다고 말했다. 이 순간 사람은 선량한 독함을 갖게 될 것이다. 이 책에는 그 사례로 월드비전(World Vision)의 창시자 밥 피어스(Bob Pierce) 박사를 들고 있다.

> 1950년, 밥 피어스는 그의 심장에서 타오르는 거대한 분노의 폭발을 경험했다. 한국전쟁으로 인해 고아가 된 어린이들이 음식 배급을 받으려고 줄 서 있다가 그 자리에서 쓰러져 죽은 도저히 믿기지 않는 장면을 보았다. 피어스가 그 이유를 찾아 냈는데, 글쎄 배식줄 맨 앞에 있는 통에 밥이 다 떨어졌기 때문이었다. 극적인 뽀빠이 순간(저자는 거룩한 분노를 느끼는 순

간을 만화 영화의 주인공 뽀빠이로 표현했다. "참을 만큼 참았어. 더 이상 못 참아!")이 아닐 수 없었다. 밥 피어스는 미국으로 돌아와 주변의 성공한 사업 파트너들을 모아 로스앤젤레스에서 회의를 열었고, 이렇게 월드비전이 탄생했다. "우리는 식량 공급 줄 앞에 음식이 떨어지는 일이 없게 할 것입니다." 피어스는 단호하게 외쳤다. "그 일로 내가 죽을지라도 계속할 것입니다." 그의 끊이지 않는 노력은 큰 결실을 이루고 있다. 월드비전의 노력에 힘입어 2005년 1년 동안 96개 국가에서 100만 명이 넘는 사람들이 신체적, 사회적, 그리고 영적 후원을 받았다. 이후에는 급식대에 음식이 부족한 사태는 벌어지지 않았다. 밥 피어스의 결단으로 그들의 삶이 향상된 것이다.

한 사람의 거룩한 분노는, 그리고 이것이 발전한 '선량한 독함'은 세상에 커다란 빛줄기를 내려준다. 독자 여러분은 무엇을 참을 수 없는가? 나는 심장에서 타오르는 거대한 분노의 폭발을 경험한 적이 있다. 그러나 나의 그 경험은 '나를 위한' 지극히 사적인 분노였다. 그것이 보다 더 숭고하고 가치 있는 것이었다면 내 인생은 많이 달라졌을 것이다.

그러나 지금도 늦지 않았다고 생각한다. 지금도 여전히 숭고한 독함과 결단이 필요하기 때문이다. 많은 사람들에게 선한 영향력을 미치는 것이면 더욱 좋겠다.

높고 큰 가치를 가졌음에도 불구하고 자신이 독하지 않으며, 독할 필요가 없다고 말하는 사람이 있다면 아마도 그는 무엇인가를 잘못 생각하고 있을 것이다. 실제로는 그렇지 않은데도 자신이 큰 가치를 품었다고 착각하고 있을 가능성이 크다. 우리가 무엇인가 원하는 것이 있는데 이를 실현하기 위한 노력이 없다면, 그 이유는 실제로 원하지 않거나 덜 원하기 때문이다.

높고 큰 가치를 품고 그 가치에 자신의 운명을 맡기면 그 사람은 독하고 강해진다. 그 강함과 독함의 정도는 이상의 높음에 비례한다. 지켜야 할 것이 무엇과도 바꿀 수 없는 소중한 것이라면 그것을 지키기 위해 목숨까지 거는 독함을 보일 것이고, 이는 사람을 강하게 만들기 때문이다. 또한 강렬히 원할수록 독해진다. 강인한 사람, 지독한 사람이 되고 싶다면 숭고한 가치를 품고 이를 강렬하게 열망해야 한다.

숭고한 가치를 품은 지독한 사람들

순교자들, 순국열사들은 평소 그들의 성격과는 다른 남다른 강인함을 보였다. 그들의 반대편에 서서 그들을 압제하던 사람들은 모두 그들을 '지독한 놈'이라고 불렀다. 숭고한 가치는 헌신을 요구하고, 이것은 사람을 독하게 만든다. 그리고 그 독함은 강직함과 의연함으로 표현된다.

항일투사요 민주운동가로 평생을 헌신한 장준하 선생은 강직한 사람, 지독함으로 가치를 지킨 사람의 본보기이다. 그는 청년기에 일본 학도병으로 징집되어 중국 전선에 배치되었다가, 광복군에 합류하기 위해 목숨을 걸었다. 장장 6000리 길의 험산준령을 헤쳐 상해 임시정부까지 걸었다고 한다.

6000리(2400km)는 어떤 거리인가? 정예부대인 공수특전단 군인들도 1000리 행군을 '특전사의 꽃'이라 부른다고 하니 목숨을 건 그 긴 여정이 어떠했을지 짐작할 만하다. 그는 해방 이후에도 독재정권에 맞서 저항하다가 9번이나 옥고를 치렀고, 죽음의 위협에도 굴복하지 않았다. 그분의 삶에 대한 글을 읽으면 나의 삶이 얼마나 지향이 없고 안일한지 반성하게 된다.

일제강점기에 신사참배를 거부하여 옥고를 치르고 순교한 주기철 목사에 대한 기록을 읽어보면 숭고한 가치를 지키기 위해 인간이 얼마나 독해질 수 있는지를 여실히 느낄 수 있다. 주기철 목사는 일제의 회유와 엄청난 고문에도 뜻을 굽히지 않았다. 몽둥이로 때리는 고문, 공중에 매달아놓고 발길로 차는 그네뛰기 고문, 고춧가루를 탄 물을 입과 코에 부어넣는 고문, 배 위에 의자 두 개를 얹어놓고 짓밟는 고문, 심지어는 고문 현장을 가족들에게 보여주거나, 가족들이 고문당하는 것을 목격하게 만드는 야만적인 처사를 겪으면서도 물러서지 않았다. 그의 아내 오정모 여사 역시 남편이 고문당하는 것을 보면서도, 또한 자신이 얻어맞으면서도, 남편을 회유하는 데 참여하지 않았다. 일본 경찰들은 한없이 여리고 온화한 이들을 향해 '지독한 것들'이라고 욕했다고 한다.

1909년 10월 26일 만주 하얼빈역에서 6발의 총성이 울렸다. 31세의 청년 안중근이 전쟁 원흉 이토 히로부미를 척살한 것이다. 적지

(당시 만주는 일본의 지배 하에 있었다)나 다름없는 이역만리 타국 땅에서 어떻게 그런 대담한 일을 벌일 수 있었을까? 또한 이 거사는 치밀하게 준비되지 않았다면 성공할 수 없었을 것이다. 그 기간 동안 그에게 인간적인 두려움과 편한 삶을 위한 유혹이 전혀 없었을까? 그는 그것을 어떻게 다스렸을까? 체포되어 재판을 받는 중에도 안중근 열사는 의연함을 잃지 않았다고 한다. 나는 그의 숭고한 가치인 조국애와 평화를 향한 열망이 그를 강하고 독하게 만들었다고 생각한다.

많은 이들이 대의를 위해 기꺼이 스스로의 안위를 포기하고 있다. 빈곤을 퇴치하기 위해, 약한 이들의 인권을 위해, 사회적 불평등과 억압을 해소하기 위해, 지구 환경을 위해, 평화를 위해 자신의 삶을 내던진다. 나는 이들의 이념에는 백 퍼센트 동조할 수 없어도 그 삶의 태도는 깊이 본받을 만하다고 생각한다. 숭고한 이상을 품은 채 불의나 비원칙과 타협하지 않고, 독하게 맞서면서 기꺼이 고통과 희생을 감수하는 삶은 얼마나 아름다운가?

나는 모자라고 약해서 이들처럼 살 수 없다 하더라도 그 모습의 일부라도 내 속에 심고 싶다. 그래서 오지여행가에서 NGO의 긴급구호팀장으로 변신한 한비야 씨가 자신의 책에서 말한 것처럼 "자신의 전 생애를 통해 원칙과 소신을 끝까지 관철하려는" 독한 사람이 되고 싶다.

사랑과 희망이 사람을 독하게 만든다

여자는 약해도 어머니는 강하다고 한다. 자신의 자녀들을 사랑하기 때문이다.

1970년대 농촌 마을에서 그다지 특별하지 않았던 한 어머니의 모습을 떠올려본다. 40대의 그녀는 새벽 5시에 일어났다. 꼴을 모아 소죽을 끓이고, 가족들의 아침식사와 도시락을 준비하고, 아이들을 깨워 아침을 먹여 학교에 보내고, 설거지와 집안청소를 한 후에 인근 농공단지의 공장에 출근해서 늦은 시간까지 일했다. 퇴근 후에는 저녁을 준비하고, 늦은 시간까지 빨래 등의 집안일을 마무리했다. 한 달에 두 번, 첫째와 셋째 주 일요일만 휴일이었는데 그날은 논이나 밭에 나가 농사일을 거들었다.

지금은 상상만 해도 숨이 막힐 지경이다. 그 지독한 삶이 어떻게 가능했을까?

농촌의 어머니들뿐만이 아니다. 지금 칠순 전후의 나이인 우리 부모님 세대들은 거의 대부분 정말 독하게 일했다. 공장에선 주야 2교대에 월 2회의 휴일이 기본적인 근무조건이었고 임금도 박하기 짝이 없었다. 그리고 그분들은 정말 독하게 저축했다. 기본적인 수준의 소비생활도 자제했다.

모두 자녀들을 사랑했기 때문이다. 자녀들이 좋은 교육을 받고 잘되기를 원했기 때문에 그런 지독한 삶이 가능했던 것이다. 나는 그 결과 우리 세대의 높은 교육수준과 경제력이 형성되었다고 생각한다.

사랑에 빠지면 사람들은 독해진다. 그 대상이 신이든, 가족이든, 이념이든, 국가와 민족이든, 연인이든, 하물며 애완동물이든 상관없다.

줄리아 버터플라이 힐이라는 미국의 한 젊은 여성은 숲과 나무를 사랑했다. 그녀는 벌목 위기에 놓인 1000년 된 삼나무 '루나'를 벌목으로부터 지키기 위해 61미터 높이의 나무 위에 올라갔다. 그리고 1997년 12월 10일부터 1999년 12월 18일까지 무려 738일 동안을 나무 위에서 내려오지 않고 버텼다. 결국 정부는 중재에 나섰고 시민들은 모금에 참여해서 목재회사로부터 숲을 사들여

보존할 수 있었다.

그 당시 스물세 살이던 그녀는 전문 환경운동가나 시민활동가가 아니었다. 소중한 것을 소중히 여기고 사랑하는 평범한 사람이었다. 그 지독한 사랑 때문에 지독한 저항을 펼칠 수 있었던 것이다.

꿈을 가진 사람, 희망을 가진 사람은 독해진다. 마틴 루터 킹의 전기에 따르면 그는 죽음의 위협을 예감하고 살았다고 한다. 그렇지만 그 유명한 '꿈'을 향해 용감하게 발걸음을 내딛었고 두려움을 극복하며 자신의 길을 갔다. 그는 부당한 사회질서에 순종하며 삶을 유지하는 안전한 길을 거부하고 위험한 삶을 독하게 살다 갔다.

헤밍웨이의 유명한 소설 《노인과 바다》에서 노인은 바다를, 자신의 삶을, 물고기를, 그리고 희망을 사랑했다. 그는 외쳤다. "희망을 갖지 않는 것은 어리석다. 희망을 버리는 것은 죄악이다." 그리고 물고기와 외롭고 끈질긴 사투를 벌였다. 나는 비록 문학작품 속의 가상인물이지만 그 노인의 독한 삶을 본받고 싶다.

무엇인가를 열렬히 사랑하면, 원하고 희망을 품으면 독해진다. 탐욕을 사랑이나 희망과 혼돈하지만 않는다면, 이때의 독함은 사람을 아름답게 만든다.

원칙을 독하게 고수한다

독한 삶으로 선량함을 추구하는 사람들의 공통적인 특징 하나는 지독할 정도로 원칙을 고수한다는 점이다. 독한 사람들은 업무든 개인생활이든 자신이 세운 원칙에 철저하다. 원칙의 범위 안에서는 폭넓은 유연성을 발휘하지만, 그 틀을 깨는 것은 결코 용납하지 않는다.

때로는 원칙에 집착하는 사람들이 완고하고 융통성이 없어 보인다. 그렇지만 이들이야말로 우리 사회의 안정성을 튼튼하게 뒷받침하고 있는 기둥이다.

정치나 행정을 하는 사람들이 원칙을 지키지 않으면 정책이 표류하고, 부정부패가 만연하며, 시민의 삶은 황폐해진다. 경영자들이 원칙을 잃으면 결국 회사가 망하고, 직원들은 일자리를 잃게 되고, 경제는 침체의 늪에 빠진다. 개인생활도 마찬가지다. 원칙을 무너뜨리는 순간부터 성장은 정체되기 시작한다.

한국의 슈바이처, 우리 시대의 마지막 성자 등으로 불리며 많은 이들에게 존경받는 의사인 고 장기려 박사. 그는 평안북도 용천 출신의 실향민으로 북한에 아내와 자녀를 남겨두고 왔다. 그는 재혼하지 않고 홀로 살며 북에 남은 가족들을 그리워했다. 그런 그에게 정부는 두 차례에 걸쳐 가족을 상봉할 기회를 만들어주었지만, 장기려 박사는 결코 혼자서 특혜를 받을 수 없다며 이를 단호하게 거절했다. 사람들은 이런 그를 독하고 모질다고 했다.

치료비를 내지 못하고 있던 입원환자를 독촉하지 못하고, 나중에는 몰래 도망시켰던 순하디 순한 그였지만, 원칙을 지키는 데는 독하고 단호했던 것이다.

나는 금융계에 종사한다. 금융투자는 급변하는 상황에 유연하게 대처해야 하며, 순간적인 직관에 많이 의존하는 경향이 있다. 그런데도 투자의 고수들은 자신의 투자원칙을 끝까지 고수하는 모습을 볼 수 있다. 이런 태도만이 장기적인 투자성과를 낳을 수 있다. 주위의 이야기에 귀가 솔깃해지거나 모처럼의 기회를 잃기 싫어서, 원칙을 벗어난 투자를 할 때는 항상 리스크가 찾아온다.

예외를 너무 많이 인정할 때 원칙은 무용지물이 된다. 사소한 예를 한 가지 들겠다. 나의 개인적 시간관리 원칙은 이른 시간에 일어나 명상으로 하루를 시작하는 것이다. 그런데 처음 원칙을 세우고 습관을 들이기 시작할 때에는 너무 많은 예외를 두었다. 야근을 했기 때문에, 고객과의 꼭 필요한 술자리가 너무 길어져서, 날씨가 너무 추워서, 몸 상태가 좋지 않기 때문에……, 일찍 일어나지 않아도 용서가 되는 일들이 너무 많았다. 지금 생각하면 이 모든 것은 핑계였다.

예외를 인정하지 않겠다는 독한 결심을 하고부터 문제가 해결되었다. 피로도를 높이고 효율성을 떨어뜨리는 야근 대신 아침시간을 활용하게 되었고, 술자리의 횟수도 줄어들고 그 시간도 짧아졌다. 건강도 좋아졌다. 원칙이 몸에 익어 습관이 되었고, 그것을 지키는 것이 예전처럼 힘겹게 느껴지지 않았다.

지키지 않아도 되거나 지킬 수 없는 원칙이라면 그것은 더 이상 원칙이 아니다. 과감히 폐기하는 것이 좋다. 그러나 일단 원칙이 서면 그것을 지켜야 한다. 그것이 더 큰 원칙과 충돌하지 않는 한, 예외를 두어서도 안 된다. 유혹과 도전에 맞서며 원칙을 지킬 때, 전정한 발전과 공헌을 이룰 수 있다.

CHAPTER **3**

독한 사람은 목표에 몰입한다

지독하게 목표를 추구하는 사람들

선량한 독함을 가진 사람들은 모두 목표를 가지고 있다. 그리고 그 목표에 지독할 정도로 몰입한다. 목표를 향해 편안함을 포기하고 장해물을 넘어서기 위해 애쓰는 사람들을 보고 우리는 '독하다'고 말한다.

문득 나약하고 나태해진 자신의 모습을 발견할 때, 즉시 스스로에게 강력하고 구체적인 목표가 있는지 점검해볼 필요가 있다. 목표가 지금의 내 모습을, 그리고 미래를 결정짓기 때문이다. 목표는 그 사람의 미래를 만든다. 사람은 자신이 목표로 한 대로 된다. 지금 우리의 모습은 우리의 목표에서 나온 것이다. 내일 다른 위치에 서고 싶다면 목표를 설정해야 한다.

세계적인 자기계발 컨설턴트 브라이언 트레이시는 "성공적인 모든 사람들은 가슴속에 큰 꿈을 품은 사람들이었다. 목표를 설정하지 않는 사람들은 목표를 뚜렷하게 설정한 사람들을 위해 일하도록 운명이 결정된다"고 말했다. 참으로 두려운 말이다. 목표가 없는 사람들은 목표가 있는 사람들을 위해 일해야 한다니.

브라이언 트레이시는 또한 사람들이 목표를 설정하지 않는 이유는 "목표가 중요하지 않다고 생각하거나, 명확하고 분명한 목표를 설정하는 방법을 모르거나, 실패의 두려움이 강하기 때문"이라고 말하면서 "목표는 자신의 삶에 대한 의미와 목적에 대한 인식을 부여한다. 목표는 또한 방향감각을 부여한다. 목표를 향해 나아갈 때 더 행복해지고 강해짐을 느낄 수 있을 것이다"라고 덧붙였다.

그는 좋은 목표란 어떤 것인지에 대해서도 언급했는데 매우 의미심장하다.

첫째, 자신이 간절히 원하는 것을 목표로 세워야 한다. 내가 원하지 않는 것, 강요된 것, 겉치레로 내세운 것은 진정한 목표가 될 수 없다. 진정으로 원할 때만 그것을 향해 돌진할 수 있기 때문이다.

둘째, 목표는 구체적이어야 한다. 목표가 추상적이라면 그것을 좇을 수 없다. 보이지 않는 곳을 향해 어떻게 행진하겠는가? 목표가 구체적일수록 그 목표를 생각하는 데 더 많은 시간을 투자하게 된다.

셋째, 목표가 실현될 것이라는 강한 믿음을 가져야 하며, 반드시 목표를 종이에 적는 습관을 들여야 한다.

넷째, 반드시 기한을 정해야 한다. 기한을 정하지 않은 목표는 장전하지 않은 총알과 같다.

피터 드러커도 개인과 조직의 성패를 결정짓는 결정적 요인으로 '목표'를 들었다. 그는 자신이 '여러 사람의 목표를 달성하도록 도와준 사람으로 기억되기를' 바랐다.

그도 좋은 목표의 요건에 대해 언급했다. 목표는 달성하기가 어려워야 하지만 도달 가능한 범위 내에 있어야만 한다. 그와 동시에 목표는 의미 있는 것이어야만 한다. 그것들은 뛰어나야 한다. 그리고 그것들은 가시적이어야 하는 한편, 가능하다면 측정될 수 있어야 한다.

목표를 설정하는 것이 중요하긴 하지만, 그렇다고 잘못된 목표를 세우는 일도 위험하다. 앞에서 말했듯 원하지 않는 것, 추상적인 것, 운에 의해 좌우되는 것은 목표가 될 수 없다.

그리고 목표달성의 쾌감을 누리기 위해 너무 쉬운 목표를 세워서도 안 된다. 그것은 일종의 예측이다. 그리고 쉬운 목표 앞에서는 독해지는 것이 아니라 안일해질 뿐이다. 미켈란젤로는 대부분의 사람들에게 가장 위험한 일은 "목표를 너무 높게 잡고 그것을 달성하지 못하는 것이 아니라, 목표를 너무 낮게 잡고 거기에 쉽게 도달하는 것"이라고 말했다.

　요컨대 좋은 목표는 사람을 독하게 만드는 것이다. 실현 가능하지만 매우 어려운 목표를 세우고 여기에 지독하게 매달리는 것은 선량한 독종의 미덕이 아닐까?

목표가 필요 없는 사람은 없다

새로운 목표를 세우기에는 이미 너무 늦었다고 이야기하는 사람들이 있다. 얼마 남지 않은 인생, 그냥 유유자적하고 싶다고도 말한다. 그런데 대부분의 경우 이들은 인생을 평가하고 실패를 단정 짓기엔 아직 너무나 젊다. 독기를 품자. 닳아 없어지는 것이 녹슬어 없어지는 것보다 낫지 않은가?

미국의 현대화단에 돌풍을 일으킨 리버맨은 81세 때부터 그림을 그리기 시작했다. 그는 101세에 스물두 번째 개인전을 가졌는데, 평론가들은 그를 가리켜 '미국의 샤갈'이라고 극찬했다.

커널 할랜드 센더스는 65세의 나이로 닭요리 프랜차이즈 사업을 시작했는데 이것이 유명한 KFC의 시작이다. 그는 "노장은 녹슬어 사라지는 게 아니라 닳고 닳아 없어지는 것"이라고 말했다.

미국의 부호 벤더빌트는 70세에 상업용 수송선 100척을 소유했었는데 83세에 죽기까지 13년 동안 그 규모를 1만 척으로 늘렸다.

르네상스의 거장 미켈란젤로가 시스티나 성당 벽화를 완성한 것은 90세 때였다.

베르디는 오페라 〈오셀로〉를 80세에 작곡했고, 〈아베마리아〉는 85세 때 작곡했다.

괴테는 대작 《파우스트》를 60세에 쓰기 시작하여 82세에 탈고했다.

소크라테스의 원숙한 철학은 70세 이후에 이루어졌고, 철인 플라톤은 50세까지 학생이었다.

명참모 강태공은 70세가 되어서야 비로소 주나라 문왕의 부름을 받아 입신(立身)의 길로 들어섰다.

모세가 신의 부름을 받아 민족 해방의 일선에 나섰을 때는 그의 나이 80세였다.

이들은 모두 목표를 품었고, 용기를 가지고 목표실현을 위해 나섰다. 이들에게 나이는 아무것도 아니었다. 그 어떤 난관도 그들을 막지 못했다. 목표를 세우기 늦었다고 생각하는가? 두려운가? 아무도 그렇게 말할 수 없다. 누구에게나 언제나 목표는 필요하다.

목표달성을 위한 집요함

독해야 목표를 달성할 수 있다. 일단 목표가 서면 그것에 집중해야 한다.

영국의 역사학자이자 작가인 폴 존슨은 '코뿔소 이론'이라는 것을 언급했다. 이것은 코뿔소가 섬세하거나 똑똑하지 않은데다, 다리 넷 달린 동물 중 유일하게 무거운 뿔을 몸에 지니고 다니는데도 자연도태되지 않고 건재한 이유를 설명하는 것이다.

그 이유는 코뿔소가 한 가지 목표에 집중하는 성향을 가지고 있기 때문이다. 부족한 시력 대신 잘 발달된 후각과 청각을 이용해 멀리 있는 목표물을 설정한 다음, 주저함 없이 시속 45킬로미터의 속도로 돌격한다. 이때 목표물의 선택은 둘 중 하나이다. 겁을 먹고 도망가거나, 바로 그 자리에서 운명을 다하거나. 그래서 코뿔소는 '초원의 장갑차'로 불린다.

우리에게는 코뿔소처럼 목표를 향해 돌진하는 태도가 필요하다. 곁눈질과 분산은 필요 없다. 코뿔소처럼 목표에 몰입하면 된다.

노련한 조련사들은 사자 우리에 들어갈 때 다리가 넷 달린 의자를 지참한다. 사자가 의자의 다리 네 개 모두에 초점을 맞추느라 신경을 분산하고 야성을 잃게 되기 때문이라고 한다. 이처럼 목표를 분산하면 힘을 잃게 된다.

목표에 우선순위를 세우고 여기에만 집중해야 한다. 이루고 싶은 것이 여러 가지가 있다면 1번을 달성할 때까지 1번에 집중하고, 다음에는 2번으로 이동하는 방식을 권하고 싶다.

실패나 장해물에 대한 두려움도 버려야 한다. 헨리 포드는 이렇게 말했다. "장해물이란 당신이 목표지점에서 눈을 돌릴 때 나타나는 것이다. 당신이 목표에 눈을 고정시키고 있다면 장해물은 보이지 않는다." 이때 장해물은 목표를 더욱 선명하게 보여주는 목표의 길잡이 역할을 하게 될 것이다.

차근차근 하나하나

목표를 이루는 사람들은 지독한 끈기를 발휘한다. 차근차근 하나하나 이루어가는 데 있어 이들은 독종이다.

'웬디스'는 전 세계에 3000개 이상의 매장을 갖고 있는 대규모 식당 체인이다. 그런데 웬디스는 하루아침에 대형 업체로 성장한 것이 아니다. 창업자 데이브 토머스는 배고픈 유년기를 보내며 배불리 먹을 수 있는 식당 주인을 목표로 삼았다. 그 목표를 이루기 위해 12살 때 작은 식당의 종업원으로 출발했다. 그리고 차근차근 일을 배우며 지배인으로 승진했고, 식당 체인 4곳을 회생시키며 전국 체인점의 관리자가 되었다. 마침내 자신의 가게를 차리고 딸의 이름을 따 웬디스라는 상호를 붙임으로써 1차적인 목표를 이루었다.

그는 기자와의 인터뷰에서 이렇게 말했다고 한다. "처음에 나는 한 개의 식당을 경영하는 데 심혈을 기울였고, 그 다음에는 두 개, 세 개 ……, 이런 식으로 사업을 확장해나갔다. 식당 하나를 경영하더라도 하루의 수입목표, 1주일의 수입목표를 정하고 그것을 달성하도록 최선을 다했다." 요컨대 웬디스 3000개 체인점은 목표를 향해 하나하나 차근차근 풀어가는 가운데에 이루어진 것이다.

한달음에 목표지점에 도달하려는 욕심이 가득한 세상이다. 장기목표를 한순간에 이루려는 사람들이 많다. 그들은 너무나 쉽게 지친다. 장기목표를 잘게 나눈 단기목표를 가지고 한 계단, 한 계단 밟아 올라가는 것이 목표를 이루는 효과적인 방법이다.

하반신 마비 장애인인 마크 웰먼 씨가 1000미터 높이의 암벽 등반에 성공한 이야기는 매우 인상적이다. 그는 미국 캘리포니아 주 엘카피딩 봉에 도전하여 성공했는데, 그의 친구가 암벽에 로프를 걸어주면 팔의 힘으로만 기어오르는 방식을 선택했다. 그는 장애 때문에 한 번에 15센티미터 정도씩만 몸을 끌어올릴 수 있었다. 섭씨 39도의 폭염 속에서 9일에 걸쳐 무려 7000번 로프를 끌어당겼다고 한다. 15센티미터씩 7000번을 반복함으로써 1000미터 암벽 등반을 이룬 것이다. 이 15센티의 위력은 얼마나 대단한 것인가?

이전을 준비하던 영국의 한 도서관은 이전 경비를 최소화하기 위한 아이디어를 얻었다. 그동안 철저하게 지키던 도서 대여 권수

제한을 일시적으로 풀면서, 이용자들이 도서를 반납할 때는 새로
이전한 도서관에서 반납하도록 한 것이다. 결국 그 도서관은 이전
비용을 줄이는 데 성공했다.

큰 목표는 이루기 어렵다. 너무 멀리만 바라보면 쉽게 지치고,
그래서 포기하기 쉽다. 그렇지만 목표를 잘게 쪼개놓으면 쉽게 접
근할 수 있다. 큰 그림은 작은 그림의 연속이다. 그려나갈 순서를
정하고 하나씩 채워나가면 어느새 완성하게 된다.

나는 틱낫한 스님의 글을 읽으며 작은 일 하나하나의 중요성을
절감하곤 하는데 여기에 소개하겠다.

> 한 곡의 노래가 순간에 활기를 불어넣을 수 있습니다. 한 자루
> 의 촛불이 어둠을 몰아낼 수 있고, 한 번의 웃음이 우울함을
> 날려 보낼 수 있습니다. 한 가지 희망이 당신의 정신을 새롭게
> 하고, 한 번의 손길이 당신의 마음을 보여줄 수 있습니다. 한
> 개의 별이 바다에서 배를 인도할 수 있고, 한 번의 악수가 영
> 혼에 기운을 줄 수 있습니다. 한 송이 꽃이 꿈을 일깨울 수 있
> 습니다. 한 사람의 가슴이 무엇이 진실인가를 알 수 있고, 한
> 사람의 삶이 세상에 차이를 가져다줍니다. 한 걸음이 모든 여
> 행의 시작이고, 한 단어가 모든 기도의 시작입니다.
>
> _틱낫한의《마음에는 평화 얼굴에는 미소》중에서

목표를 구체적인 그림으로

존 고든의 《트레이닝 캠프》라는 책에 따르면 모든 성공한 사람들은 일종의 '정상 체험(mountaintop experience)'을 갖고 있다고 한다. 이것은 비전이 명확해지면서 미래가 또렷하게 보이는 현상으로, 마치 산꼭대기에 올라가서 망원경으로 목적지, 즉 멀게만 느껴지는 거대한 비전을 명확하게 보고 확인하는 것과 똑같기 때문에 정상 체험으로 불린다고 한다.

인생의 뚜렷한 목표와 로드맵을 가진 사람들은 행복하다. 그리고 산꼭대기에 올라가 망원경으로 거대한 비전을 명확하게 보면서 목적지를 두 눈으로 또렷하게 확인할 수 있다면 그는 축복받은 사람이다. 그는 그것을 믿고 끝까지 갈 수 있지만, 그렇지 않은 사람은 힘든 일이 생길 때마다 목적지 자체를 의심하기 때문이다.

이 신비로운 정상 체험의 축복이 있든 없든, 우리는 목표 자체를 분명하고 구체적인 모습으로 그려보아야 힐 것이다. 그림이나 기록은 매우 효과적인 방법이다. 미국의 5대 신문 중 하나인 〈유에스에이 투데이〉는 2002년 초 흥미로운 실험 한 가지를 시작했다. 조사는 새해 목표를 세운 사람들을 대상으로 실시되었는데, 이들은 다시 목표를 기록한 사람들과 마음속에 품어두기만 한 사람들의 두 그룹으로 분류되었다.

2002년이 지나고, 2003년 2월 〈유에스에이 투데이〉는 충격적인 결과를 발표했다. 2002년 초에 설문조사에 응한 사람들을 만나본 결과 목표를 생각만 한 사람들 그룹에서는 단 4%만이 목표를 이룬 반면 목표를 기록해둔 사람들 그룹의 46%가 목표를 달성했다는 것이다. 단지 종이 한 장의 차이는 1100%의 성취도 차이로 나타났다.

남다른 성취를 이루고 싶다면 즉시 목표를 설정하고 그것을 글이나 그림으로 된 구체적인 표상으로 표현하는 것이 좋다. 이것을 접하며 간절히 바라고 계획을 세우고 행동하고 평가하는 과정을 거쳐야 한다. 목표가 그려진 종이는 인생이 담긴 보물지도이며 '정상 체험'에서 찍은 사진이 될 수도 있다.

총명(聰明)이 불여둔필(不如鈍筆)이라고 했다. 목표를 기록하거나 그리느냐, 그렇지 않느냐의 이 사소한 차이가 성패를 결정짓는다.

목표에서 계획으로, 실행으로!

목표는 계획으로 구체화되고, 그 계획은 실행되어야 실제 결과를 얻을 수 있다. 그리고 점검하고 반성하는 과정도 반드시 필요하다.

미국 100달러 화폐의 모델인 벤저민 프랭클린은 인생의 13가지 덕목(목표)을 정하고 항상 이것을 실천하고자 노력했으며, 이를 수첩에 적어놓고 반성하는 시간을 가졌다. 벤저민 프랭클린의 목표들과 그것을 이루어가는 모습을 보노라면, 그가 진정으로 독한 사람이었음을 알게 된다. 그는 독한 사람의 한 모델이 될 수 있을 것이다. 그의 덕목은 그 자체로 독한 삶을 보여주고 있을 뿐 아니라, 그것이 듣기 좋은 구호로 그치지 않게 지독하게 실천한 과정에 의해 뒷받침된다.

그것은 다음과 같다

1. 절제 : 몸이 무겁고 나른해질 때까지 먹지 말 것, 만취할 때까지 마시지 말 것. 절제는 인간의 통제력의 핵심이다. 사람은 해야 할 일보다는 하지 말아야 할 것들을 해야 진정으로 성공할 수 있다.

2. 침묵 : 남과 자신을 위해서 이롭지 않은 말은 하지 말 것. 쓸데없는 농담을 하지 말 것. 가급적이면 침묵을 지킨다.

3. 질서 : 물건은 올바른 자리에 둘 것. 일은 그것을 해야 할 때에 할 것. 항상 질서를 갖추고 생활한다. 절대 되는 대로 무계획적으로 살지 않는다.

4. 결의 : 해야 할 일을 완전히 성취할 결심을 하고 반드시 이루기 위해 노력한다. 결심한 일은 불굴의 의지로 반드시 이룬다.

5. 검소 : 남과 자신에게 미래를 위한 좋은 일을 하는 이외에는 비용을 들이지 않는다. 즉 낭비하지 말 것. 낭비란 사치와 무절제를 의미한다. 절약은 부자로 가는 초석이다.

6. 근면 : 시간을 허비하지 않는다. 항상 유익한 일을 할 것. 필요치 않은 행동은 잘라버릴 것. 부지런함은 모든 선의

근본이다. 게으르면 어떤 기회도 오지 않고 기회가 왔다고 해도 기회를 잡지 못한다.

7. 성실 : 해로운 책략은 꾸미지 않는다. 결백하고 공평한 사고 방식을 가질 것. 이야기할 때도 그런 원칙에서 말을 할 것.

8. 정의 : 옳지 않는 행위는 하지 않는다. 자신만의 이익은 잘라버린다. 항상 타인을 먼저 생각한다.

9. 온화 : 극단적인 행위는 피한다. 받는 손해에 대해서 불쾌하게 생각하는 일은 삼갈 것. 늘 사람들에게 관심을 가진다.

10. 청결 : 신체, 의복, 주거의 불결을 보아 넘기지 말 것.

11. 평온 : 하찮은 일이라도, 돌연한 일이라도, 보통 일이라도, 피할 수 없는 일이라도 항상 평정을 유지할 것.

12. 순결 : 건강과 자손을 위한 이외에는 성행위에 열중하지 말 것. 마음을 무겁게 하거나 약하게 먹거나 하지 않는다. 자신과 남의 평화와 명성을 떨어뜨리는 일은 하지 않는다.

13. 겸손 : 모든 성공은 바로 겸손에서 온다. 내가 성공한 것은 바로 당신 때문이라는 그 겸손이다. 겸손한 자는 반드시 승리한다.

물론 18세기 미국인이었던 그의 지침이 지금 우리 삶의 표준이 되어야 할 필요는 없을 것이다. 중요한 것은 벤저민 프랭클린이 삶의 목표를 세우고, 이를 구체적으로 계획하고, 실천하며 노력했고, 반성했다는 사실이다.

그는 매주 13개 덕목 중 하나씩을 목표로 집중적으로 노력했다고 한다. 그리고 이 덕목들을 수첩에 적어놓고는 그 실천여부를 점검하며 반성했다.

그러는 사이에 그의 인품은 모든 미국인들이 추앙할 정도로 고매해져갔다. 그는 미국 건국의 아버지로 미국의 정신으로 존경받는 인물이 되었다. 그리고 프랭클린의 이 독특한 수첩 쓰기 스타일은 '프랭클린 플래너'의 모델이 되었다.

목표를 실현하는 기술

세계적인 성공학 연구자 나폴레온 힐은 자신의 저서나 강연을 통해 목표를 이루는 방법에 대해 여러 차례 조언한 바 있다. 요약하면 다음과 같다.

첫째, 목표를 구체적으로 정하라. 예를 들어 추상적으로 '많은 돈을 벌기'가 아니라 '10억 원' '20억 원' 등과 같이 명확한 금액을 정하라.

둘째, 목표를 이루기 위해 어떤 일을 할 것인지 명확히 알아야한다. 이때는 독해질 각오를 해야 한다. 불법이나 부도덕한 일을 빼고는 하루 18시간 동안 무슨 일이든 다 한다 등과 같은 플랜을 세워야 한다.

셋째, 당신의 목표를 실현하는 데 걸리는 시간을 정하라.

넷째, 명확한 실천계획을 세우고 즉각 행동에 돌입하라. 아직도 준비가 되지 않았다면 최대한 빨리 시작하라.

다섯째, 종이에 언제 목표를 실현할 것이며, 무슨 일을 해야 하며, 어떻게 계획을 실행할 것인지를 적어라. 이는 아주 중요한 단계다.

여섯째, 저녁에 일을 마친 후나 아침에 눈을 떴을 때, 최소 하루 두 번씩 종이에 적은 계획을 큰 소리로 읽어라.

그리고 적극적인 사고방식을 불러일으키고 신념과 자신감을 가지기 위해 아래 내용을 반복해서 낭독하라.

① 목표에 도달하기 위해 철저하게 인내하고 노력할 것을 맹세한다.

② 매일 30분씩 정신을 집중해서 자신이 꿈꾸는 이미지를 그려낸다.

③ 매일 10분씩 전력을 다해 자신감과 관련된 행동을 한다.

④ 절대 중도에 포기하지 않는다.

⑤ 사소한 이익을 목표로 하지 않고 정확한 길을 선택한다. 성심성의껏 타인에게 봉사하고 다른 사람의 도움을 이끌어낸다.

CHAPTER **4**

자기관리에 지독한
프로페셔널

자신을 관리하고 계발하는 데 지독해지기

자기 자신을 철저히 관리하고, 스스로를 발전시키는 데 지독한 사람들이 있다. 대부분의 경우 이들은 성공적인 삶을 사는데, 우리는 이들을 '프로페셔널'이라 부른다. 경쟁이 치열하고, 사는 게 팍팍하고 힘겨운 현대사회에서, 많은 사람들이 스스로를 관리하고 계발할 엄두를 내지 못한다. 그러나 프로는 독종이다. 이런 타성을 극복하고 최고가 되려고 지독하게 노력하는 사람들이 값진 인생을 살 수 있을 것이다.

미국 기업계에는 프레드 상이라는 것이 있다. 성실하고 서비스 정신이 투철한 종업원들에게 주는 상인데, 같은 이름의 집배원 프레드를 기념하는 것이다. 집배원 프레드는 자신의 일을 우편물을 나르는 단순노동으로 보지 않았다. 그는 자신의 일에 대단한 자부심을 가지고 작은 것 하나하나에 최선을 다했다. 그는 자신이 배달한 우편물이 제대로 전달되는지 촉각을 곤두세웠다. 우편물을 수북하게 쌓아놓고 방치하면 도둑이 들기 쉽다는 생각에 그 우편물들을 따로 보관하고 있다가 주인이 돌아오면 돌려주곤 했다.

이런 남다른 마인드와 정신. 세심하고 성실한 일처리는 자기 자신을 빛나게 만들 뿐 아니라 다른 사람들을 행복하게 만들고 우리 사회를 발전시킨다.

거장 미켈란젤로는 자기 일에 철저하기로 소문난 사람이었다. 어떤 작품에 몰입하고 그 일이 끝날 즈음에는 그는 다른 사람들이 못 알아볼 정도로 폭삭 늙어버렸다고 한다. 그가 시스티나성당 천장벽화를 그릴 때의 일이다. 받침대 위에 올라가 누운 채로 천장 구석에 인물 하나를 매우 조심스럽게 그려 넣고 있었다. 그때 친구가 다가와서 이렇게 물었다. "여보게, 그렇게 구석진 곳에 잘 보이지도 않는 인물 하나를 그려 넣으려고 그 고생을 한단 말인가? 그게 완벽하게 그려졌는지 누가 알 수 있단 말인가?" 미켈란젤로는 짧게 대답했다. "내가 알지." 진정한 프로는 누가 보든 말든 자신을 위해서 최선을 다한다.

프로는 하루하루 개선하고 발전시키는 사람이다. 그들은 그것이 매우 힘든 과정일지라도 결코 포기하지 않는 독기를 발휘한다.

월마트의 창업자 샘 월튼은 '어떤 면에서든 어제보다 낫지 않았던 때는 단 하루도 없었던' 사람으로 존경과 칭송을 받고 있다.

지속적인 개선을 한다는 것은 우리가 살아 숨 쉬는 증거이다. 우리는 적극적으로 변화를 받아들여야 할 뿐 아니라 그것을 주도해야 한다. 어제보다 못한 오늘을 산다는 것은 어느 누구도 바라지 않을 것이다.

그 당시에 큰 표시가 나지 않겠지만 매일매일 조금씩 자신을 발전시켜 나가다 보면 언젠가는 엄청나게 성장해 있는 스스로를 발견하게 될 것이다. 말이 쉽지 이것은 지루하고 고달픈 과정이다. 굳이 그렇게 독하게 살 필요가 있냐고 비아냥거리는 사람들도 있을 것이다. 그러나 생각을 바꾸면 된다. 독해지는 것이 우리의 목표가 아닌가? 어제는 끝났다. 어제는 이미 없는 시간이다. 우리에게 더 나은 오늘과 내일이 있을 뿐이다.

독한 놈이 이긴다

똑똑한 사람이 열심히 하는 사람을 못 이기고, 열심히 하는 사람은 즐기는 사람을 못 이긴다고 한다. 나는 여기에 한 가지 덧붙이고 싶다. '독한 놈'은 아무도 못 이긴다.

최근 말콤 글래드웰의 《아웃라이어》라는 책이 서점가의 베스트셀러가 되었다. 그 책에서는 '1만 시간의 법칙'이라는 매우 흥미로운 원리가 하나 소개된다. 비범한 사람이 되는 최고의 방법은 똑똑함이나 영리함, 천재성 같은 요인이 아니라 부단한 노력이라는 것이다. 구체적으로 한 분야에 1만 시간을 투자할 때 아웃라이어가 될 수 있다고 한다.

1만 시간은 매일 3시간씩 10년을 투자해야 가능한 시간이다. 매일 1시간이면 30년이고, 2시간이면 15년이다. 나는 이 책을 읽으며 그 엄청난 필요시간에 놀라고 말았다. 하긴 그런 정도의 노력을 기울이지 않은 사람을 한 분야의 전문가라고 말할 수 있겠는가?

그렇지만 반가운 놀라움도 있다. 누구나 그 시간만 쏟아 부으면 아웃라이어가 될 수 있다는 사실이다. 나의 주장처럼 결국 독한 놈이 이긴다는 것 아니겠나?

성패를 결정하는 차이, 일류와 이류를 구분 짓는 차이는 별로 크지 않다. 고작 1% 내외이다. 공무원시험에서 떨어진 사람 중 1점 차이로 낙방한 사람들의 분포가 가장 넓다고 한다. 그러나 이 사소한 1%의 차이를 만들기 위해서는 엄청난 노력이 든다. 차이를 만드는 1%에 집중하는 사람이 전문가이며, 프로페셔널이다.

나는 늘 안일하게 살아온 삶에 대해 반성하고 있다. 엄청난 시간을 지독하게 노력해야 진정으로 탄탄한 실력을 갖출 수 있음을 재확인하며 남은 시간을 대하는 의지를 다진다.

독하게 공부하기

앨빈 토플러는 "21세기 문맹자는 글을 읽을 줄 모르는 사람이 아니라, 학습하고 교정하고 재학습하는 능력이 없는 사람이다"라고 말했다. 또한 심리학자인 미하이 칙센트미하이는 "급격하게 변화하는 지식사회에서 학습을 멈추면 나이에 관계없이 이미 늙은 사람이다. 반대로 끊임없이 배우는 자는 나이와 관계없이 누구나 젊은 사람이다"라고 강조했다.

매일같이 변화하는 지식정보화 세상은 우리에게 끊임없이 공부할 것을 요구한다. 공부하지 않으면 늙고 뒤처지는 것 외에는 아무것도 할 것이 없다. 그것도 대충이 아니라 아주 독하게 해야 한다. 최근 이시형 박사가 쓴《공부하는 독종이 살아남는다》라는 책이 베스트셀러로 인기를 끌고 있는데, 그 제목만으로도 고개가 끄덕여진다.

발명왕 에디슨은 이미 알려진 대로 엉뚱한 호기심과 유난히 많은 질문 때문에 일찌감치 학교에서 쫓겨나 제대로 된 정규교육을 받지 못했다. 그런 그가 어떻게 1093개의 특허를 가진 경이로운 인물로 성장할 수 있었을까?

그 대답은 그의 어머니와 '책'이다. 그의 어머니는 요즘으로 치자면 홈스쿨링을 했는데, 그 방법으로 독서를 선택했다. 독서는 어린 에디슨의 두뇌에 활력을 불어넣었다. 그의 기발한 상상력과 창의력은 이 시절에 입력된 것이다. 에디슨은 12세에 열차판매원으로 기차에서 신문과 음료를 파는 일을 했는데, 밤에 돌아오면 디트로이트 시립도서관에 처박혀 살았다고 한다. 그는 서고에 있는 책을 한 권 한 권 독파하여 마침내 도서관 전체의 책을 다 읽어버렸다.

그는 회고했다. "나의 피난처는 디트로이트 도서관이었습니다. 나는 맨 아래 칸 왼쪽의 책부터 맨 윗줄 오른쪽의 책까지 순서대로 읽었습니다. 문고판, 백과사전, 전집을 가리지 않고 읽었습니다." 그의 발명품들은 엄청난 독서의 산물이었다.

독하게 공부해야 제대로 살고 변화하며 발전할 수 있다. 끊임없는 학습은 현대사회를 살아가는 우리에게 주어진 미션 같은 것이다. 그야말로 평생학습의 시대이다. 세상이 급변하고 있다. 이럴 때 먼저 세상의 변화의 큰 흐름을 타야 한다. 그리고 세상을 주도할 미래 트렌드를 예측하고 미리 준비하는 센스가 필요하다. 어떠하든 부단한 학습은 불가피하다. 매일매일 책을 읽고 공부하는 이들은 남보다 한발 앞서 달리는 행운을 안은 사람들이다.

토니 그윈이라는 미국의 야구해설가가 있다. 그는 메이저리그 야구선수 출신인데, 1981년 신인 드래프트에 지명되어 입단한 뒤, 20시즌 동안 오직 샌디에이고 파드리스에서만 활동하였다. 통산 타율 3할 3푼 8리, 8번의 타격왕, 통산 3141 안타를 기록할 정도로 메이저리그 역사상 가장 정교하고 꾸준한 타자였으며, 2007년 1월 9일 칼 립켄 주니어와 함께 명예의 전당에 헌액되었다. 당시 토니 그윈의 지지율은 97.6%였다. 또한 등번호 19번은 2004년 샌디에이고 파드리스 팀의 영구결번으로 지정되었다.

그는 키가 작고 뚱뚱한, 야구선수로서는 특이한 몸매의 소유자이다. 나는 그의 덩치를 보고 힘을 잘 쓰는 홈런타자로 생각했는데 알고 보니 그는 최고의 교타자로 이름을 날리고 있었다. 이런 그의 성공은 '지독한 학습'으로 뒷받침되어 있었다.

그는 대학 때부터 줄곧 읽어오던 테드 윌리암스의 《타격의 과학》이라는 책을 매 시즌마다 대여섯 번씩 읽었다고 한다. 이뿐만이 아니다. 토니 그윈의 서재에는 위성으로 쉴 틈 없이 들어오는 경기실황 테이프들이 산더미같이 쌓여 있었다. 그는 길을 가면서도 이 테이프들을 보았다. 시합을 하러 이동하는 동안에도 그는 두 개의 VCR을 들고 다니며 타석에서의 자신의 동작 하나하나를 편집하여 테이프에 담았다. 그가 눈을 뜨고 있으면서 스윙 연습이나 테이프 보기를 중단할 때가 있다면, 그것은 오직 팀 동료들과 타격에 대한 의견을 나눌 때뿐이었다. 그원에게는 '이만하면 됐다' 라는 것이 없었다. 타격은 그의 즐거움이었다. 스윙연습, 테이프 보기, 타격에 대한 의견교환, 이 세 가지 가운데 어느 하나도 할 수 없을 경우에는 탁구라도 쳐서 눈과 손동작의 연결능력을 높이려 애썼다고 한다.

토니 그원이야말로 프로가 무엇인지, 프로로 성공하려면 어떻게 살아야 하는지를 보여주는 독종의 표본이다. 한 분야의 정상이 되기 위해서는 집중하고 몰입하고 학습하며 자신을 발전시켜야 한다. 우리는 이미 답을 알고 있다. 이제 문제는 실행뿐이다.

학습의 달인

　월마트의 창업자 샘 월튼은 끊임없는 학습과 실천의 상호작용을 반복한 사람이다. 그의 케이스를 통해 학습의 중요한 과정을 배울 수 있을 것이다. 그는 한 가게에서 돈을 벌면 곧바로 또 다른 가게에 투자함으로써 확장을 거듭했는데 끊임없이 경영방식을 바꾸면서 창조와 혁신을 추구했다. 이 과정에서 매우 열심히 학습했다.

　그는 체인 본사에서 실시하는 매장관리 교육을 완전히 자기 것으로 만들었다. 첫 2주 동안의 교육과정에서 샘은 매장경영에 관한 많은 지식을 배웠고, 회사에서 만든 소책자를 통해 회계 시스템 구축, 판매상품, 판매 방법, 가격협상 방법 등에 관해서도 배웠다. 그중에서 가장 큰 도움이 되었던 것은 회계 시스템이었다. 그는 20년 후 월마트가 5~6개의 분점이 생길 때까지도 이것을 바꾸지 않고 계속해서 사용했다.

샘은 여러 가지 책자를 통해서도 배웠지만 자신의 경쟁 상대를 통해서도 배웠다. 그의 학습 대상은 경쟁 관계에 있는 가게 및 주변의 많은 가게들이었다. 맨 처음 시작했을 때 샘은 늘 길 건너편에 있는 가게에 가서 관찰했다. 가게 면적은 샘의 가게만큼 크지는 않았지만 매년 매출액이 15만 달러나 되는, 당시 그의 가게보다 배나 많은 금액이었다. 그래서 샘은 언제나 길 건너편 가게로 가 그들의 경영방식, 가격책정, 상품진열 방식 등을 배우고, 자신의 가게를 개선해나가면서 경쟁자보다 더 잘할 수 있도록 노력했다.

그 결과 개업 1년 만에 샘의 가게는 매출액이 10만 5000달러에 달했다. 원래 7만 2000달러였던 매출액이 약 46%나 성장한 것이다. 두 번째 해에는 14만 달러로 늘어났고, 세 번째 해에는 17만 5000달러로 늘어났다. 마침내 그는 길 건너편 경쟁 상대의 매출액을 넘어섰다.

샘이 가장 좋아했던 일은 경쟁 가게로 달려가 배울 점이 있는지 관찰하면서 노트에 메모를 하거나 녹음기에 녹음을 하는 것이었다. 그런 후 더 잘할 수 있는 방법을 연구했다. 그는 세계 각 지역의 우수한 소매점을 거의 다 살펴보고 소매업의 발전 동향에 대해 꼼꼼하게 분석하고 예측했다. 일단 하기로 마음먹은 일은 반드시 최고로 해내고야 말았다. 할인마트업계에 뛰어든 후 샘은 당시 업계 최고였던 K-마트를 목표로 삼았다. 그러나 그는 단순하게 뒤에서 쫓아가는 것이 아니라 상대의 장점을 활용하여 그 상대를 뛰어넘는 것이었다.

월마트사의 성장에서 신지식과 신기술의 힘을 논하지 않을 수 없다. 샘은 끊임없이 자신을 채워나갔다. 1966년부터 샘은 전산관리의 중요성을 인식했다. 그는 사업이 어느 정도 규모를 갖춘 후에는 한계 이상으로 더 확장하는 것이 불가능한데, 문서 보고를 통해 전체 사업을 다 총괄할 수 있는 사람은 그 한계를 초월할 수 있다는 사실을 깨달았다. 그것은 혼자 힘으로는 절대 이룰 수 없었다. 그래서 그는 장기적인 안목으로 당시 초창기 단계에 머물러 있던 컴퓨터로 눈을 돌렸다. 1970년대라면 소형컴퓨터와 마이크로컴퓨터가 아직 탄생하지 않았을 때였다. 그런데도 월마트는 자체 컴퓨터 정보관리 시스템을 구축하고 전산으로 상품을 관리하기 시작했다.

끊임없는 학습과 연구를 통해 샘은 배송 시스템과 위성 시스템을 갖춘 현대적인 관리방식을 구축했다. 끊임없는 학습은 사람을 시대를 선도하는 리더로 만든다. 샘 월튼은 이러한 불변의 진리를 증명해주는 생생한 증거이다.

긍정적인 미래상 만들기

호텔왕 콘래드 힐튼은 "사람의 미래는 그의 재능에 의해서가 아니라 그가 마음속으로 생생하게 그리는 꿈에 의하여 결정된다"고 말했다. 긍정적인 미래로 자기 자신을 이끄는 것은 긍정적인 마음가짐이다. 자기계발의 출발은 긍정적인 태도라는 생각을 해본다. 이것이 없다면 진정한 자기계발이란 아예 불가능하기 때문이다.

1992년 11월 21일자 〈뉴욕타임스〉에 당시 미국의 대통령인 빌 클린턴(Bill Clinton)과 그의 친구 프랭크 알렌(Frank Allen)이라는 사람의 이야기가 실렸다. 알렌과 클린턴은 영국의 옥스퍼드 대학에서 공부할 때, 기숙사를 함께 사용하는 룸메이트였다. 알렌은 좋은 가문 출신이었고 경제적으로도 부유했으며 신문학을 전공하는 수재였다. 반면 클린턴은 평범한 집안 출신으로 홀어머니를 돕기 위해 이복동생을 돌보는 불운한 처지였다. 그러나 두 사람의 미래는 정반대였다. 알렌은 1971년에 자살한 반면, 클린턴은 1992년에 미국의 대통령이 되었다. 〈뉴욕타임스〉는 그 이유를 다음과 같이 설명했다. "알렌은 모든 상황을 너무나 심각하게 생각했다. 그리고 매사에 부정적이며 비판적인 사고방식을 갖고 살았다. 그러나 빌 클린턴은 현재에 감사하고 미래를 기대하는 희망적이고 긍정적인 사고방식을 가졌다. 단지 그 차이뿐이다."

인생은 마음먹기에 달렸다고들 한다. 긍정의 힘을 보여주는 말이다. 항상 긍정적인 관점에서 사고하고 또 그렇게 행동하면 모든 측면에서 긍정적인 결과를 이끌어낼 수 있다.

윌리엄 제임스는 이렇게 말했다. "행복한 사람이 되고 싶은가? 그러면 행복한 사람처럼 생각하고 행복한 사람처럼 행동하라. 그러면 행복한 사람이 될 것이다. 불행한 사람이 되고 싶은가? 그러면 불행한 사람처럼 생각하고, 불행한 사람처럼 행동하라. 그러면 불행하게 될 것이다."

나는 늘 반성한다. 내가 원하는 삶을 살고 있는지, 내가 간절히 바라는 모습을 그리며 살고 있는지, 원하는 모습을 상상하고 즐기며 마치 그것을 다 이룬 사람처럼 행동하고 있는지. 만약 마음의 여유를 잃어버리고 원하지 않는 삶을 끌어당기고 있는 내 모습이 발견되면 내 안에 모든 부정적 요소를 다 털어내고 긍정 에너지를 극대화하기 위해 애쓴다. 진정으로 내가 원하는 삶을 생생히 떠올리며 이미 이룬 듯한 행동으로 자신감을 고취한다.

이민자 출신의 영화배우로 미국의 주지사 자리까지 오른 아놀드 슈워제네거는 그 우람한 체격만큼이나 긍정적 에너지로 넘쳐났다. 미국의 저명한 작가 스티브 챈들러가 지방신문 칼럼니스트로 일할 당시 아놀드 슈워제네거에 대해 쓴 글이다.

1976년, 애리조나 주의 한 모텔에서 나와 함께 점심식사를 할 때만 해도 아놀드 슈워제네거는 전혀 유명하지 않은 배우였다. 레스토랑 안에서 그를 알아보는 사람은 단 한 명도 없었다. 나 역시 그가 누구인지, 앞으로 어떻게 될지 전혀 아는 바가 없었다. 그와 만나기로 한 것은 순전히 일 때문이었다. 한 시간쯤 지나, 나는 취재 노트를 펼쳐놓고 그에게 이런 질문을 던졌다. '보디빌딩을 그만두었다는데 앞으로는 뭘 할 생각인가요?' 그가 나지막이 대답했다. '저는 할리우드 최고의 스타가 될 겁니다.' 나는 놀란 척하지 않으려고 무척 애를 써야 했다. 왜냐하면 그의 초기 영화들은 그다지 가능성을 보여주지 못했을 뿐만 아니라, 그의 오스트리아식 억양이나 무시무시한 근육 또한 관객들을 사로잡을 것 같지 않았기 때문이다. 그러나 나는 놀라움을 감추고, 내친김에 어떤 방법으로 할리우드 톱스타가 될 거냐고 물었다. '보디빌딩을 할 때처럼 할 겁니다.' 그러면서 그는 잠시 쉬었다가 다시 말했다. '원하는 모습을 상상하면서, 그것을 이미 다 이룬 것처럼 사는 겁니다.' 그 말을 듣는 순간, 그것은 터무니없는 소리처럼 들렸지만 나는 받아 적었고, 그 후 그 말을 절대 잊지 않았다.

내가 원하는 모습, 최고의 순간을 구체적으로 상상하면서 마치 그것이 이루어진 것처럼 사는 것, 말하자면 긍정적인 미래상을 현재로 가져와서 사는 것이야말로 끊임없이 나를 단련하는 최고의 자기계발 도구가 아닐까. 물론 긍정적인 미래상에 경제적 · 직업적 성공만 포함되는 것은 아닐 터이다. 나는 미래의 내 모습, 열심히 최선을 다한 후 노년의 내 모습을 떠올려본다. 편안한 웃음을 띠며 뭔가 새로운 것을 열심히 배우고 있을 것이다. 예이츠의 시는 이런 내 미래상을 잘 표현해주는 것 같아 옮겨 적어 소개할까 한다.

그대가 늙거든

그대 늙어서 머리 희어지고 잠이 많아져
난로 옆에서 졸게 되거든 이 책을 꺼내서
천천히 읽으라, 그리고 한때 그대의 눈이 지녔던
부드러운 눈매에 깊은 그늘을 꿈꾸라.

그대의 기쁨에 찬 우아한 순간들을 얼마나 사랑했으며
그릇된 혹은 참된 사랑으로 그대의 아름다움을 사랑했는지를,
그러나 어떤 이는 그대의 순례와 유랑혼을 사랑했고
그대의 변한 얼굴의 슬픔을 사랑했음을.

그리고 난로가의 붉게 타는 방책 옆에 몸을 굽히고
조금은 슬프게 중얼거리라,
남몰래 높은 산 걷기를 얼마나 좋아하고
그의 얼굴에 별무리 속에 감추었다 라고.

When You Are Old

When you are old and grey and full of sleep,
And nodding by the fire, take down this book,
And slowly read, and dream of the soft look
Your eyes had once, and of their shadows deep;

How many loved your moments of glad grace,
And loved your beauty with love false or true,
But one man loved the pilgrim soul in you,
And loved the sorrows of your changing face;

And blending down beside the glowing bars
Murmur, a little sadly, how love fled
And paced upon the mountains overhead
And hid his face amid a crowd of stars.

최고의 이미지로 자신을 포장하고
세일즈하라

　자기계발의 목표 중 하나는 스스로를 최고의 브랜드로 만들어 파는 것이다. 그렇다면 나를 어떻게 브랜딩하고 세일즈할 것인가에 대해 깊이 연구할 필요가 있겠다.

　세계 최대의 화장비누 제조업체 몰리브 피토 사의 회장 라이톨은 젊은 시절 보잘것없는 영업사원이었다. 그는 특별히 이목을 끌지 못하는 평범한 사람으로 별다른 말주변도 없었다. 다른 영업사원과 차이점이 있다면 늘 더 나아지려고 노력하는 자세로 언젠가는 재계를 뒤흔들고 호령하겠다는 꿈을 가지고 있다는 것과 겸손하지만 끈질겼고 결코 지독한 태도를 잃지 않았다는 것이다.

　"이번에는 절대 비누를 팔러 온 것이 아닙니다. 이곳에 들어올

때 저의 행동이나 말, 태도 등에 적절하지 못한 부분이 혹시 있었습니까? 지적해주시면 감사드리겠습니다. 당신은 경험도 풍부하시고 이쪽에서 성공하신 분이시니 저의 본보기로 삼고 싶습니다. 다시 한 번 부탁드립니다."

재계를 뒤흔들겠다는 큰 뜻을 세운 이 젊은이는 영업에 실패하면 낙담해서 나왔다가 잠시 후 다시 가게로 들어갔다. 방금 자신을 매몰차게 거절한 바로 그 가게로 다시 들어가 아주 진지한 어조로 가르침을 구하는 것이다.

솔직하게 가르침을 구하는 자세와 소박한 마음 덕에 그는 사람들의 진심 어린 충고와 평가를 받을 수 있었다. 게다가 사람들은 아주 기쁜 마음으로 그의 새로운 고객이 되었다.

비가 오나 눈이 오나 골목골목 누비며 언제 어디서든 가르침을 구했던 이 영업사원은 2년 후 영업부 책임자로 승진했으며, 5년후 친구와 동업으로 비누공장을 열었다.

공장을 설립한 후 어느 날 그는 직원들에게 이렇게 말했다.

"사업에서 성공하려면 자신을 잘 포장해야 하네. 특히 영업부서 직원들의 포장은 더욱 절실하지. 제품 포장을 중시하는 경영자들은 많지만 자신과 직원들의 포장에 신경을 쓰는 경영자는 드물지. 경영자들은 비누, 담배, 차 등의 간단한 포장에서부터 자동차 외관이나 몇십만 달러가 소요되는 디자인 비용에 대해서는 전혀 인색하게 굴지 않으면서도, 회사 이미지를 대변하는 영업사원의 포장에 대해서는 나 몰라라 하고 전혀 주의를 기울이지 않는다네."

그러자 한 직원이 물었다.

"회장님, 방금 말씀하신 포장은 영업사원의 복장을 말씀하시는 것입니까?"

라이톨은 조용한 어조로 대답했다.

"그렇다네. 그러나 복장뿐만 아니라 언행도 포함되네. 언행은 복장보다 훨씬 중요하네."

"회장님, 그 외에 뭐가 또 중요합니까?"

직원이 절실하게 물었다. 라이톨의 얼굴에는 미소가 떠올랐고 어조는 더욱 강해졌다.

"또 영업사원의 태도가 있다네. 걸음걸이부터 문을 여는 방법, 샘플을 들고 프레젠테이션을 하는 모습까지 아주 중요하네. 매너 있는 신사적인 태도는 영업사원을 아주 빠르게 성장시키네. 어떤 사람을 대하더라도 성심성의껏 친절하게 대해야 하네. 이건 기본적인 예의라네. 동료와 회장에 대한 태도는 설사 약간의 차이는 있다 하더라도 상대가 누구든 간에 꼭 호감을 주어야 하네. 목소리는 시원하고 부드러워야 하며 늘 고객의 의견을 경청해야 하네. 밝은 표정으로 자연스럽게 대화를 나누어서 사람들이 자네와 대화할 때 즐거움을 느낄 수 있도록 해야 하네. 이것 역시 예의라네.

직원 여러분, 특히 영업사원 여러분은 이러한 예의로 자신을 포장해야 합니다. 그래야만 치열한 경쟁사회에 발을 들여놓을 수 있습니다. 그래야만 회사도 더욱 튼튼하게 뿌리를 내릴 수 있고 찬란한 앞날이 보장됩니다."

사람 포장에 대한 라이톨의 생각은 어떻게 생겨난 것일까? 어느 날 라이톨은 한 회사의 제품 포장 전시회에 초대받았다. 전시회장에는 각양각색의 다양한 제품들이 단조로운 구식 포장에 담겨 있기도 하고 화려한 새 포장에 담겨 있기도 했다.

전시회를 다 둘러본 그는 크게 감동했다.

"그래, 제품 판매량을 늘리려면 포장도 자주 바꿔야 해. 일정한 간격을 두고 참신한 모습으로 다시 내놓아야 해. 그리고 새롭고 보기 좋은 제품 포장도 중요하지만 사람의 포장은 더 중요해. 사람 포장에 대해서는 좀 더 공부를 해서 반드시 완벽에 완벽을 기해야 해."

이렇게 해서 그는 작지만 나름대로의 성과를 거두었다. 그렇지만 결코 자만하지 않았으며 성공하면 할수록 일에 더욱 매진하면서 좀 더 나은 성과를 위해 노력했다. 수십 년의 고군분투 끝에 그의 공장은 마침내 세계 최대의 비누 제조업체가 되었다.

CHAPTER **5**

절제 - 독하게 참고 버리기!

나를 이긴다는 것

고통 없이 이루어지는 것이 아무것도 없다는 사실은 만고의 진리다. 눈물을 흘리며 씨를 뿌린 사람만이 수확의 기쁨을 얻을 수 있다. 원하는 것을 이루기 위해서는 참고, 포기하고, 버릴 수 있어야 한다. 그러려면 독해져야 한다. 요컨대 더 나은 삶을 위해, 목표를 이루기 위해 절제의 미덕이 필요하다.

절제는 자기 자신을 이기는 것이다. 논어에 "克己復禮爲仁(극기복례위인)"이라고 했다. "자기를 극복하여 예로 돌아가는 것이 인이다"라는 뜻이다.

그리고 절제는 자기 자신에게 혹독한 것이다. 채근담에는 "待人春風 持己秋霜(대인춘풍 지기추상: 남을 대하기는 봄바람처럼 관대하게 하고, 자기를 지키기는 가을서리처럼 엄정하게 해야 한다)"고 했다. 우리는 거꾸로 하고 있지 않은지 반성해볼 필요가 있다.

위대한 업적을 남긴 사람들, 남다른 성취를 이룬 사람들, 작게는 개인적인 부와 성공을 이룬 사람들은 하나같이 절제에 성공한 사람들이다.

아침시간을 잘 활용한다는 소위 아침형 인간들은 밤시간의 유흥과 오락의 즐거움을 절제한 사람들이다. 꾸준히 독서하는 사람들은 TV 프로그램의 자극적인 흥겨움을 포기한 사람들이다. 훌륭한 몸매를 갖춘 건강한 사람들은 과식의 유혹을 거부한 사람들이다.

최고의 것을 얻기 위해 우리는 그것을 방해하는 것을 과감히 포기해야 한다. 마음을 다스린다는 것이 결코 쉽지는 않다. 번번이 갈등을 느껴야 한다. 그래서 마음속에 도끼 한 자루를 준비해야 한다. 옳지 않은 것, 아닌 것을 과감하게 잘라내야 한다. 스스로에게라도 변명할 기회를 주어서는 안 된다.

'革新'은 '革身'과도 같다고들 말한다. 몸에서 가죽을 벗겨내는 고통을 감내해야 바람직한 변화가 가능하다.

작은 유혹에서 나를 보호하기

우리는 유혹이 지천에 널린 세상을 살고 있다. 자칫 한눈을 팔다가는 위험에 처하기 십상이다. 이 유혹들로부터 자신을 보호하고 목표를 향해 정진하기 위해서는 독해져야 한다. 독한 마음으로 눈을 질끈 감고 절제해야 한다.

성취를 이룬 사람들도 유혹을 절제하지 못해 어처구니없이 좌절하는 경우가 많다. 골프 스타 타이거우즈가 성추문으로 곤란에 처한 일은 전 세계에 알려졌다. 내가 좋아하던 프로야구 선수 한 명도 술의 유혹을 견디지 못해 너무나 빠른 은퇴를 해야만 했다. 마약 때문에 넘어진 연예인들의 이야기도 많이 있지 않은가?

송나라 유학자 구양서는 그의 책《영광전서》에서 "禍患常積於

忽微(화환상적어홀미)"라고 했다. 사람이 큰 돌에 걸려 넘어지는 경우는 별로 없으며, 대부분 하찮게 여겼던 작은 돌에 걸려 넘어진다는 말이다. 우리를 넘어뜨리는 것은 작은 것들이다.

실제로 미국에서 하버드 출신 268명을 장기간 추적 조사한 결과는 매우 흥미롭다. 이 조사에서 행복하게 늙어가기 위한 7가지 조건이 나왔는데 '성숙한 자세, 교육, 안정적 결혼, 금연, 금주, 운동, 적당한 체중'이 그것들이다. 다른 것은 그렇다 치더라도 금연과 금주가 행복한 노후의 필수조건이라니 처음에는 조금 심하게 느껴졌다. 그러나 곰곰이 생각해보면 그것은 과장이 아니었다. 대수롭지 않게 여겼던 것들이 우리 인생 전체를 망가뜨릴 수 있다. 그리고 그것을 포기하면 행복해진다.

내 경우도 마찬가지다. 나는 요즘 부쩍 건강에 관심이 많아졌다. 아침에 산책을 하고 명상으로 정신을 가다듬는 생활리듬을 갖게 되면서 술자리도 많이 줄었다. 게다가 건강검진을 받고 체중을 줄이기 위해 운동도 시작했다. 일부의 즐거움을 포기했지만, 내가 다시 얻은 것에 비하면 그 비중은 작아 보인다.

진정으로 원하는 것들이 있고 여기에 도움이 되지 않거나 방해가 되는 유혹들이 있다면, 아무리 하찮은 것들이라 하더라도 과감히 끊어내야 한다. 우리는 더 독해질 필요가 있다.

절제를 이룬 삶은 남다르다

절제가 뛰어난 사람들은 남다른 성취를 이루어냈다. 무조건 참는 것이 능사가 아니라 소중한 무엇인가를 위해서 유혹을 참아내고 고통을 감내하며 노력했기 때문일 것이다.

율곡 이이 선생은 '저녁에 잠잘 때를 빼놓고는 결코 눕지 않는 것'을 생활신조로 삼고 평생 그것을 지켰다. 그는 눕고 싶을 때마다 그 유혹을 물리치고 손에 책을 잡았다. 그래서 율곡은 "어두운 방 안에 홀로 있어도 자기를 속이지 않는 것"으로부터 학문이 시작된다고 한 것이다. 이런 철저한 절제로부터 찬란한 학문이 꽃피었다고 생각하니 존경심이 생긴다.

나에게는 인류의 궁극적 행복을 위해 '자발적 가난'과 '욕망의 다이어트'를 주장하는 다소 별난 후배가 있는데, 현실적 성공에는 관심이 없는 그로부터 다소 엉뚱한 이야기를 들었다. 그는 부자가 되거나 출세한 사람들에게서 '욕망의 다이어트'를 보았다는 것이다.

그는 "잠깐이 아니라 장기적으로 성공을 유지하는 사람들은 TV를 즐겨 보지 않는다. 그리고 자극적인 게임이나 도박을 즐기지 않는다. 대체로 잡기와는 인연이 멀다. 과도하게 술을 마시지 않고, 성욕을 주체하지 못해 성매매 같은 범법을 저지르는 일도 거의 없다. 일찍 자고 일찍 일어나는 스타일이며, 아침에 일어날 때 질질 끌지 않는다. 식탐을 부리거나 폭식하지도 않는다"고 말했다.

그런데 나는 그 이야기가 너무나 당연하게 들려서 듣다가 웃음을 터뜨리고 말았다. 그렇지만 한편으로는 씁쓸했다. 누구나 훤히 알 수 있는 것을 제대로 실천하지 못하는, 결단력과 단호함이 부족한 내 자신의 모습이 부끄러웠기 때문이다.

당장 좋은 것, 편안한 것, 즐거운 것을 포기하기란 쉽지 않다. 그것을 추구하는 것이 우리의 본능이기 때문이다. 하지만 그 너머에 있는 고상한 차원을 강렬히 원하는 것 역시 우리의 본성일지 모른다. 이 긍정적 본성과 의지가 서로 상승작용을 일으키도록 만들어야 하겠다.

먼 길을 가야 할 사람, 큰일을 해야 할 사람이 작고 성가신 유혹의 덫에 매어 있어서는 안 되겠다. 김유신 장군이 말 모가지를 내리치듯 끊어내고, 뒤돌아보지도 말고, 곁눈질도 말고, 앞을 향해 전진하자.

절제는 건강한 삶을 만든다

　유혹을 선택한 사람들이 얻는 것은 단기적이고 말초적인 즐거움과 후회이며, 치러야 할 대가는 궁극적인 것들과 미래이다. 절제를 선택한 사람들은 당장의 안위를 대가로 내야 하지만 항구적인 것들과 미래를 얻게 된다. 그들이 얻는 것 가운데 중요한 한 가지는 육체적·정신적 '건강' 이다. 절제력이 뛰어난 사람들은 몸과 마음이 건강하다.

　일본의 의학자 신야 히로미는 그의 책《병 안 걸리고 사는 법》을 통해 이렇게 말했다. "1996년부터 '성인병' 이라고 불리던 질환이 '생활습관병' 이라는 명칭으로 바뀌었습니다. 그러나 나는 기회가 있을 때마다 '이것은 생활습관병이 아니라 자기관리 결함병입니다'라고 말합니다. 이미 병에 걸린 사람에게는 이 말이 심하게 들릴지도 모릅니다. 그럼에도 굳이 내가 '자기관리 결함병'이라고 말하는 것은, 자기관리를 확실히 한다면 질병을 예방할 수 있다는 것을 알리고 싶어서입니다." 자기관리를 잘하면, 생활습관을 개선하면, 절제된 생활을 하면 성인병에 걸리지 않는다는 그의 말은 시사하는 바가 크다.

절제는 마음을 건강하게 만든다. 중국의 한 경영 컨설턴트는 부의 증가와 함께 중국의 경영자들이 절제력을 잃어가고 있으며, 그 결과 그들 자신이 정신적으로 병들어 갈 뿐 아니라 사회가 병들어 가고 있음을 개탄했다.

그들은 자기 자신을 절제하지 못해 제멋대로 행동한다. 많은 기업주들이 조금도 아까워하지 않고 거금을 흥청망청 물 쓰듯이 날려버린다. 어떤 사장이 몇만 위안을 들여 프레지던트 스위트룸에 묵었다느니 몇십만 위안짜리 식사를 했다느니 하는 보도를 신문지상에서 자주 접할 수 있다. 이런 부적절한 소비는 중국의 현재 경제발전 상황과는 전혀 어울리지 않는 기형적인 소비현상이다.

일부 민영기업 사장들은 유행을 따라잡기 위해 혹은 자신의 신분이나 지위를 과시하기 위해 거금을 들여 전혀 쓸모없는 물건이나 값비싼 사치품들을 사들인다. 이러한 불건전하고 기형적인 소비방식이 사회에 만연되면 좋지 않은 본보기가 될 뿐만 아니라 사회에 장기적인 해악을 끼치게 된다.

그들의 사생활 역시 절제력을 잃고 타락하여 가정생활에도 위기가 나타난다. 그들은 자신의 처자식을 내팽개치고 외도를 한다. 광동성 일부 지역의 민영기업계에서는 배우자 외에 첩을 두는 세태가 성행한다. 심지어 어떤 지역은 그 지역 이름만 들으면 우선 사업가와 젊은 여성들 사이의 비정상적인 관계가 연상되기도 한다.

우리는 몸과 마음이, 가족과 사회 전체가 건강한 삶을 위해서 절제를 선택할 필요가 있다.

절제는 생활습관을 바꾸는 것

절제는 생활습관을 바꾸는 일이다. 베스트셀러 자기계발서 저자인 오그 만디노(Og Mandino)는 그의 책 《위대한 상인의 비밀》에서 "인간을 성공으로 이끄는 가장 강력한 무기는 풍부한 지식이나 피나는 노력이 아닌, 바로 사소한 습관이다. 인간은 습관의 노예이며 아무도 그 강력한 폭군의 명령을 거스르지 못한다. 따라서 좋은 습관의 노예가 되기 위해 노력하라"고 강조했다.

그렇지만 습관은 이미 몸에 익은 것들이다. 좀처럼 바꾸기 힘들다. 자주 실패하기도 한다. 그러나 끊임없이 시도해야 한다. 작심삼일도 7번 연속해서 하면 습관의 초기 단계가 될 수 있다. 독하게 습관을 만들자.

먼저 몸과 마음을 상하게 하는 나쁜 습관들이 있는지 점검해보자. 깊이 생각해볼 것도 없이 드러나는 나쁜 습관들이 있다. 흡연이나 저녁 술자리, 과도한 TV 시청, 늦잠 등이 그것이다. 그리고 분명하게 드러나지 않는 나쁜 습관들도 있다.

어쨌든 자신의 생활습관들을 규명하기 위해서 시간대별로, 상황별로 행동방식을 매우 상세한 리스트로 만들어보면 좋다. 이 중에서 버려야 할 나쁜 습관들이 무엇인지 발견하고 그것을 제거해야 한다. 물론 독한 결단력과 의지력이 필요하지만, 의지력만으로 좋지 못한 습관들을 제거하려 시도하는 것은 효과적이지 못하다. 그보다는 나쁜 습관들을 대체할 좋은 습관을 양성하는 것이다. 습관을 바꿀 수 있는 것은 또 다른 습관뿐이기 때문이다.

좋은 예로 이른 저녁시간에 과도하게 TV를 보는 사람이라면 '앞으로는 TV를 절대 보지 않겠다' 고 결심하고 참아내는 것보다 그 시간대에 독서모임에 참가하든지, 스포츠 프로그램에 등록하든지, 학원을 수강하든지 하는 식으로 대체하는 것이 좋다.

성공도 절제해야 한다

　성공을 절제해야 한다는 말은 다소 엉뚱해 보인다. 지금까지 성공하기 위해서 절제해야 한다고 이야기하지 않았던가. 그러나 더 궁극적인 가치의 실현을 위해, 깊은 차원을 행복을 위해 성공을 향한 갈망도 절제할 수 있어야 한다고 말하고 싶다. 돈과 높은 지위, 명예에 대한 집착 역시 사람을 병들게 하고 타락시킬 수 있고 소중한 다른 것들을 잃게 만들 수 있기 때문이다. 때로는 비움의 미학을 실현하는 것이 좋다.

　《파란 파일 속 이야기》라는 책이 있다. 저자는 양인명 선생님인데 이분이야말로 선량한 독함을 실현한 사람이라는 생각이 든다. 이분은 의학박사로 대학병원 내과 교수를 지내셨는데, 신장암 판정을 받고 1년여 동안 투병생활을 하면서 그 기간 동안 오히려 친구들을 위로하기 위해서 감동적인 이야기들을 이메일로 보냈다고 한다. 그 책 중에 한 구절을 발췌한다.

어떤 가정주부가 남편의 수입이 적어서 동네에 구멍가게를 냈습니다. 정직하고 친절하게 물건을 판다는 소문이 퍼지면서 손님이 점점 많아졌고, 급기야 하루 종일 정신없이 팔아야 될 지경에 이르렀습니다. 하루는 남편이 퇴근하여 바쁘게 장사를 하고 있는 부인을 보고 이렇게 말했습니다. "우리 동네 다른 가게들은 이제 손님이 거의 없대. 저 건너편 가게는 아예 곧 문을 닫아야 할 것 같다더군."
이 말을 듣고 그 부인은 파는 물건의 종류를 줄여서 손님들이 찾아오면 이렇게 말했습니다.
"그 물건은 건너편 가게에 가시면 살 수 있습니다."
그 후로 장사로부터 벗어나 시간이 많아진 부인은 좋아하던 독서에 빠질 수 있었고, 틈틈이 글도 쓰기 시작했습니다.
《빙점》이라는 유명한 소설을 남긴 미우라 아야꼬 여사의 젊은 시절 이야기입니다. 너무 많은 욕심이 나와 이웃 모두를 둘러볼 수 있는 여유를 빼앗고 있는 게 아닌지 살펴보아야겠습니다.

무한경쟁 사회를 사는 인생의 지혜로는 무언가 타당하지 않다고 느끼는 분이 계실지 모르겠다. 그러나 모으고 채우는 삶이 다가 아니다. 때로는 버리고 비우는 삶이 훨씬 더 가치 있고 필요할 때가 많다.

사막을 횡단하다가 모래 속에 자동차 바퀴가 빠질 때는 모래를 걷어내고 차량을 밀어 구덩이에서 자동차를 빼내려고 해서는 안 된다고 한다. 오히려 타이어에서 공기를 빼고, 차의 높이를 낮춰야 한다고 한다. 그래야 자동차가 모래 위로 올라설 수 있기 때문이다. 우리 인생도 마찬가지다. 어떤 부분에서는 꽉 차 있는 공기를 빼내야 역경을 헤치고, 새로운 길을 달릴 수 있을 것이다. 비움이 필요하다. 새롭게 채우기 위해 때로는 쥔 것을 내려놓아야 한다. 쉽지 않은 일이다. 하지만 가치 있는 일이다. 비워야 채울 수 있다.

버리는 것도 절제의 미학이다. 무조건 열심히 일하는 것만이 능사가 아니다. 기업에서 효과적인 경영혁신 활동 중 하나는 쓸데없는 일과 절차를 찾아내어 폐기하는 것이다. 개인 생활에서도 중요한 일, 쓰는 물건, 꼭 필요한 역할을 남기고 나머지는 과감하게 버림으로써 삶을 단순화하는 것이 행복을 위해 꼭 필요하다고 한다. 이러한 비움과 버림의 삶을 살기 위해서는 독하면서도 부드러운 절제의 힘이 필요하다.

CHAPTER **6**

독함은 모든 나약함을 이긴다

독한 사람들은 오래 울지 않는다

빛나는 성취를 이룬 위대한 사람들은 한 번도 아픔이 없었던 운 좋은 사람들이 아니다. 오히려 그들은 더 많은 시련과 좌절을 경험했다. 차이는 그것을 어떻게 이겼는가에서 결정된다. 좌절해야 마땅한 순간에 시익 웃는 사람들, 엄청난 실패를 경험하고도 금방 툭툭 털고 일어나는 사람들의 모습을 보면 정말 독하구나 하는 생각에 두려운 마음도 들고 존경심도 생긴다.

목표를 향해 전력질주하다 보면 넘어질 때도 있다. 무릎이 까질 수도 있고 심한 경우 팔다리가 부러지기도 한다. 모든 것을 잃고 원점으로 돌아가거나 실패의 패널티를 안고 다시 처음부터 시작해야 될 수도 있다. 누구나 이런 일을 겪는다.

부끄럽지만 나도 아픔을 겪었다. 그때 주변에 불행을 겪는 많은 이들이 눈에 들어왔다. 그 아픔의 크기가 실감 났다. 어떤 이들은 좌절하고 쓰러졌지만, 어떤 이들은 그것을 발판으로 삼아 다시 일어났다. 나 역시 극복하고 일어섰다.

물론 독한 사람들도 눈물을 흘린다. 좌절감과 안타까움, 서러움을 느낀다. 그러나 그들은 결코 오래 울지 않는다. 마냥 울고 있다가는 아무것도 할 수 없음을 잘 알기 때문이다. 그들은 이내 눈물을 그치고 대신 땀방울을 흘리기 시작한다.

나의 지인 중 김주미(가명)라는 젊은 여성분이 있다. 몇 년 전 대학 입학을 앞둔 그녀는 아파트 4층에서 떨어지는 엄청난 사고를 겪었다. 그리고 신체장애율 94%의 1급 장애를 입었다. 워낙에 낙천적이고 밝은 성격의 그녀는 남들보다 빠른 회복속도를 보였으나 결국 하반신 마비라는 굴레를 벗어나진 못했다. 꽃다운 20살 처녀에게는 청천벽력 같은 일이다. 그 심정을 누가 헤아릴 수 있을까?

그러나 그녀는 오래 울지 않았다. 어떻게 위로해야 할지 가슴을 졸이며 병문안을 갔던 나는 오히려 그녀에게서 위로를 받고 나왔다. 그녀는 환한 미소로 나를 맞아주었고 미래와 희망을 이야기했다.

그녀는 지독한 재활 프로그램을 수행했다. 그리고 장애인 휠체어 마라톤 선수로 선발되었고, 각종 세계대회를 앞두고 훈련을 시작한다고 자랑스럽게 말했다. 그녀는 나에게 희망의 빛을 비추어 주었다. 그리고 희망으로 새롭게 부활하는 중이다.

독한 사람은 실패로 무너지지 않는다. 윈스턴 처칠은 모교인 해로우 고등학교 학생들에게 이렇게 말했다.

"절대 포기하지 마십시오. 예외는 없습니다.

절대, 절대, 절대로 포기하지 마십시오.

큰일이든 작은 일이든, 중요한 일이든 사소한 일이든

포기하지 마십시오.

명예와 정의를 위한 확신 때문이 아니라면

포기는 있을 수 없습니다."

시련과 고난은 성장의 필수조건

시련과 고난은 우리를 성숙하게 한다. 어찌 보면 그것들은 제대로 된 성공을 위한 필수조건이다. 과연 시련과 고난 없이 이루어내는 성공이 있을까? 정말 다양한 종류의 불행이 우리 인생을 덮친다. 문제는 그것들을 어떻게 받아들이느냐이다. 새로운 도전의 시작점으로 볼 것인지, 아니면 포기의 시작으로 볼 것인지······. 선택은 우리의 몫이다. 나의 경우 시련과 고난은 내 삶을 되돌아보는 계기가 됐으며, 새로운 인생의 전환점이 되었다. 어찌 보면 그것은 슬픈 행운이 아니었을까?

레온 플라이셔라는 미국의 피아니스트가 있다. 그는 서른여섯의 전성기에 피아니스트로는 절망적인 병에 걸렸다. 근육긴장성 장애로 오른손을 완전히 쓸 수 없게 된 것이다. 그러나 그는 피아노 연주를 포기하지 않았다. 왼손 연주를 위한 레퍼토리를 끊임없이 개발했고, 40년 넘는 세월 동안 계속 피아노를 연주하며 사람들에게 감동을 주었다. '왼손의 피아니스트'로 치열하고 아름다운 연주 인생을 걸어온 노년의 그는 "한 손을 못 쓰게 된 것이 거꾸로 내 삶과 음악을 다시 한 번 돌아보게 하는 계기가 됐다"고 고백했다.

명실 공히 21세기 최고의 CEO로 칭송이 자자한 스티브 잡스도 해고의 아픈 기억이 있다. 그것도 자신이 창업한 회사 애플에서 말이다. 서른 살의 나이에 해고된 그는 시련 앞에 당당히 맞섰다. 그는 넥스트스텝이라는 새로운 회사를 시작했고 당시 루카스필름의 3D애니매이션 파트를 맡았던 픽사를 인수하였다. 넥스트스텝의 주력사업 역시 실패했지만, 픽사는 애니매이션 영화 〈토이 스토리〉로 세계 최고의 애니매이션 스튜디오가 되었다. 그리고 애플은 넥스트스텝을 샀고 스트브 잡스는 자신을 내쫓았던 애플로 다시 돌아왔다. 그리고 최고경영자로 복귀한 지 1년 만에 위기에 빠진 애플을 흑자로 되돌려 놓았고 아이맥, 아이팟, 아이폰 등 시대의 아이콘으로 불릴 만한 히트 상품을 내놓았다.

그는 이렇게 회고한다. "만약 제가 애플에서 해고되지 않았다면 이런 어떤 일도 일어나지 않았을 거라고 확신합니다. 지독하게 쓴 약이었지만 저는 환자에게 그런 약이 필요한 것임을 압니다. 때때로 삶이 당신의 머리를 벽돌로 치게 됩니다. 믿음을 잃지 마십시오."

고치의 작은 구멍을 뚫고 나오려는 나비를 생각해보자. 고치 속에서의 고통을 이기며 무수한 날갯짓 끝에 스스로 빠져나온 나비는 하늘을 훨훨 날게 될 것이다. 그러나 나비가 고생스럽다고 고치 끝을 자르거나 벌려주면 어떻게 될까? 당장은 편하겠지만, 고통스러운 훈련을 거치지 않아 날개에 충분한 힘을 쌓지 못한 나비는 곧 죽고 만다. 나비에게 고치 속에서의 시련은 성공을 위한 필수조건인 것이다.

노먼 빈센트 필은 시련을 만났을 때 환호성을 지르라고 했다. 시련을 기뻐하자. 독한 사람에게 시련은 그들을 권태라는 무기력에서 건져주는 도전이다.

많은 경우 고통의 면제는 성장의 상실을 의미한다. 우리는 시련 앞에 독하게 맞서야 한다. 고통을 벗으로, 성장의 신호로 받아들이고 새로운 도약을 향해 나설 때 위대한 성취가 시작된다.

불평 대신 감사하기

일본에서 경영의 신으로 추앙받는 마쓰시타 고노스케는 자신을 만들어준 3가지에 대해 감사한다고 말했다. "신은 나에게 세 가지 은혜를 주셨다. 첫째, 너무 가난한 것이다. 그래서 어릴 때부터 구두닦기, 신문팔이 등 많은 세상 경험을 쌓을 수 있었다. 둘째, 몸이 약한 것이다. 그래서 항상 운동에 힘써 늙어서도 이렇게 건강할 수 있게 되었다. 셋째, 공부가 짧은 것이다. 초등학교도 졸업하지 못했기 때문에 세상 사람들을 모두 나의 스승으로 여기고 언제나 배우는 일에 게으르지 않을 수 있었다."

가난하고 몸이 약하고 못 배운 것을 은혜로 여기고, 그것에 대해 감사하다니 보통 사람으로서는 생각하기 힘든 경지다. 위대한 인물들에게는 불우한 환경이나 불행이 원망하고 불평할 대상이 아니라 오히려 감사할 대상이다.

소록도에 애양원을 설립하고 나병환자들을 위해 평생을 바친 손양원 목사는 여수·순천사건 당시 두 아들이 살해당하는 아픔을 겪었다. 그러나 그는 아들을 살해한 가해자를 위해 구명운동을 펼쳤을 뿐 아니라 그를 양자로 삼음으로써 용서와 사랑의 극치를 보여주었다. 뿐만 아니라 그는 두 아들의 장례식장에서 답사로 9가지 감사의 마음을 고백했다고 한다. 아들을 둘씩이나 잃고도 감사하다니, 그것도 9가지나! 아무리 독실한 성직자라 해도 그것이 가능할지 언뜻 이해가 되지 않는다.

우리가 불평하고 원망하고 좌절할 만한 타당한 이유가 어떤 사람들에게는 감사할 이유가 된다. 여간해서는 이런 경지에 오르기 힘들겠지만 늘 감사하는 마음가짐을 갖는 훈련을 해보는 게 좋겠다.

노먼 빈센트 필 박사는 없는 것을 생각하지 말고, 있는 것을 생각하라고 권한다. 나라와 가족, 건강, 주거지, 친구, 기회, 직장 등 가진 것을 생각해보고 그것을 기록해봄으로써 스스로가 얼마나 많이 가졌는지를 알 수 있다. 이미 우리는 많이 가지고 있다. 완벽하게 다 갖춘 사람은 아무도 없고, 사실 그럴 필요도 없다. 행복한 삶을 살아가는 데는 지금 현재 자신이 가진 그것으로도 충분하다.

미국 국무장관을 지낸 콜린 파월은 한 공장에서 아르바이트를 한 경험이 있다. 그때 그는 다른 인부들과 함께 도랑을 파는 일을 하게 되었다. 그때 한 사람이 삽에 몸을 기대고는 회사의 부당한 처우와 자신의 일에 대해 불평을 하고 있었다. 그 옆에서 다른 한 사람은 묵묵히 도랑을 파고 있었다. 몇 년이 흐르고 난 뒤 파월은 다시 그 공장에 아르바이트를 하러 갔는데 불평을 일삼던 그 사람은 여전히 삽에 몸을 기댄 채 불평을 늘어놓고 있었고, 그 옆에서 묵묵히 일하던 사람은 지게차를 운전하고 있었다. 다시 몇 년이 더 흘러 파월이 그곳에 갔을 때 불평을 일삼던 사람은 회사에서 쫓겨났고, 열심히 일하던 사람은 그 회사 사장이 되어 있었다.

독한 사람들은 불평하느라 인생을 소모하지 않는다. 자신에게 없는 것은 무시하고 가진 것을 크게 보고 그것에 감사하며, 그것을 이용해 성공하는 삶을 산다.

두려움은 없다

독한 사람들은 두려워하지 않는다. 은행 등 금융기관이 파산하고 1500만 명의 실업자가 실의에 빠져 있는 최악의 경제상황이 전개되던 대공황기에 미국 대통령이 된 프랭클린 루스벨트 대통령은 이렇게 연설했다. "우리가 가장 두려워할 것은 바로 두려움 그 자체입니다. 막연하고 이유도 없고 정당하지도 않은 두려움입니다."

그는 파탄에 빠진 미국 경제에 안정과 활력을 가져왔으며 외교적으로도 업적을 쌓았고 미국에서 유일하게 4선을 역임한 대통령이 되었다. 소아마비라는 질병과 장애도, 도탄에 빠진 경제상황도, 세계대전도 두려움의 대상이 되지 못했다.

살다보면 모든 것이 확실하지 않고 불안하며 혼란스러울 때가 있다. 이런 순간에 두려움이 엄습한다. GE의 전설적인 전 CEO 잭 웰치조차도 두려움에 시달렸다. 그는 이렇게 말했다. "뭔가를 경영하는 사람들은 밤에 집에 가서 늘 똑같은 두려움과 마주하게 된다. 내가 이 회사를 망치는 건 아닐까?"

그러나 독함은 두려움을 맞상대해서 이겨낸다. 두려움 앞에 당당히 서라. 그 순간 대부분의 두려움이 허상임이 드러난다.

안톤 체호프의 단편소설 중에 〈기우〉라는 작품이 있다. 주인공들은 저녁때 마차로 이동을 하는데 험상궂게 생긴 마부가 강도로 돌변해 자신들을 해칠까봐 불안한 생각에 허세를 떤다. 자신들이 힘이 세며, 권총을 가졌고 친구들이 뒤따라오고 있다고 말한다. 그러던 중에 마부는 마차를 버려두고 도망을 친다. 두 시간 후 두려움에 휩싸인 마부가 돌아온다. 그는 말한다. "저를 해치지 않으실 거죠?"

두려움은 진실을 외면할 때 생긴다. 나는 그것을 뼈저리게 경험했다. 나는 나 자신의 실체와 마주치는 것이 두려웠다. 나에 대한 진실을 알면 얼마나 초라해질까? 얼마나 실망할까? 이런저런 생각에 차라리 모르는 게 낫다는 식의 변명으로 스스로에 대해 알아가는 것을 포기했다. 그 포기는 점점 더 큰 두려움으로 바뀌었다. 참으로 어리석은 선택이었다. 한 번 아프고 말면 될 것을. 나를 아는 두려움은 내면의 잠재력을 확인하는 과정까지 가로막았다. 그래서 두려움을 극복하는 방법은 스스로 정직해지는 것이라 생각한다. 정직하게 그 두려움과 맞서는 것이다.

그리고 실천이다. 두렵더라도 맞서야 한다. 거절을 실패로 생각하고, 두려워하는 세일즈맨은 성과를 올릴 수 없다. 반대로 거절을 시작으로 생각하고 한 사람 또 한 사람 끊임없이 부딪치는 세일즈맨들은 높은 성과를 올린다.

육군 유격훈련장에 막타워라는 것이 있다. 일종의 공중낙하 예비훈련인데, 사람에게 가장 큰 공포심을 준다는 11미터 높이에서 뛰어내리는 것이다. 안전장치가 튼튼하기 때문에 여기에서 뛰어내린다고 다치는 일은 없는데도 많은 군인들이 두려워한다. 그러나 방법은 간단하다. 두려움을 이기고 첫발을 내딛기만 하면 된다. 그러면 익숙해지고, 실제 공중낙하를 위한 자세를 익힐 수 있게 된다.

두려움 앞에서 독해지자. 정직한 시각으로 두려움을 직시하고, 그 허상을 간파하자. 그리고 직접 부딪치는 실천으로 두려움을 이기자.

독한 사람들은 걱정하지 않는다

독한 사람들은 쓸데없는 걱정으로 소중한 에너지를 탕진하지 않는다. 전문가들에 따르면 우리가 하는 걱정의 80퍼센트는 일어나지 않을 일이고, 나머지 20퍼센트 역시 거의 대부분이 우리가 해결할 수 있는 일이 아니다. 단 2%만이 일어날 일 중 우리가 해결할 수 있는 것이라고 한다.

물론 생산적인 걱정도 있다. 생산적인 걱정은 직접적으로 행동을 취해서 해결책을 찾거나 미래에 있을 위험을 줄인다. 즉 생산적인 걱정은 심리적 소모전이 아니라 리스크 관리이다. 우리가 독하게 극복해야 할 부분은 비생산적인 걱정이다. 비생산적인 걱정은 우리의 이성을 마비시킬 뿐만 아니라 문제해결에 방해가 된다.

걱정은 사람들의 행동과 감정, 그리고 대인관계에 영향을 끼친다. 한마디로 성공으로 가는 발목을 잡는 것이다.

걱정을 극복하는 방법은 걱정에 정면으로 독하게 맞서는 것이다. 걱정을 극복하는 방법으로 자가점검 기술이 있는데 이는 걱정거리를 기록하여 리스트를 만들고 그 불안한 정도를 표시하는 과정이다. 그리고 그 고민이 생산적인지 비생산적인지 점검한다. 이 문제는 해결 가능한지, 그리고 내가 실제로 이 문제에 집중하고 있는지, 내 걱정이 어떤 행동을 취하도록 자극하는지, 잠재적인 해결책이 있는지, 해결책대로 행동하고 있는지에 대해 스스로 답해보면 걱정의 성격을 파악할 수 있다. 덧붙여 그 걱정의 비용과 유익에 대해서도 정리해본다. 인내하고 노력해서 해결할 수 있는 일을 걱정만으로 놓쳐서는 안 되겠다.

걱정을 해소하기 위해 긴장을 이완하는 방법으로 근육이완, 복식호흡, 이미지 전략, 명상 등의 구체적 기술을 동원할 수 있다. 또한 왜곡된 감정을 파악하고 구체적인 행동에 돌입하며, 불확실성을 긍정적으로 받아들이는 것이다.

요컨대 걱정거리에 정면으로 부딪쳐서, 비생산성이나 과장된 위험 등의 허상을 벗겨내고 시간을 관리하고 주변과 커뮤니케이션을 하면서 실제 행동을 통해 걱정에서 벗어날 수 있다.

독한 사람은 비굴함을 선택하지 않는다

제키 로빈슨은 메이저리그 최초의 흑인 선수이다. 그가 메이저리그에 정식으로 데뷔한 1947년 당시는 미국의 인종차별과 편견이 극에 달했던 시기이다. 그는 어떤 운동선수도 경험하지 못한 최악의 대접을 독하게 견뎠다. 살해 위협, 인종차별의 욕설, 날아다니는 신발, 엄청난 증오심을 드러낸 편지, 머리 위로 빈볼을 던지는 투수들, 그의 운동화에 침을 뱉는 포수들, 호텔에서의 투숙거절 등 그는 엄청난 편견과 위협에 당당히 맞서며 자신의 길을 걸었다.

그는 데뷔 첫해 내셔널리그 신인상을 수상했고, 2년 후에는 메이저리그 MVP에 선정되었다. 로빈슨의 10년 선수생활 동안 다저스는 여섯 차례의 페넌트레이스 우승과 한 차례의 월드시리즈 우승을 차지했다. 그는 팀의 수훈 선수뿐만 아니라 스포츠를 넘어 미국의 인종차별에 변화를 불러일으킨 중요한 인물이 되었다.

그는 결코 사악한 눈초리들과 증오심에 굴복하지 않았으며 당당히 이에 맞섰다. 그러면서도 지독한 자제심을 발휘해 그 험난한 갈등의 와중에서도 사고를 일으키지 않았다.

제키 로빈슨에게는 비굴함 대신 용기를 선택한 동료 선수가 있었다. 그는 다저스의 유격수 피 위 리즈였다. 1947년 5월 14일, 로빈슨이 등번호 42번의 브루클린 다저스 유니폼을 입고 첫 출전한 날이다. 다저스는 신시내티 레즈와의 원정경기에 나섰는데, 클로스리필드 구장의 관중석에서는 엄청난 야유가 쏟아졌다. 관중들을 "니그로"를 다 함께 외쳤고, 조롱하는 욕설을 퍼부었다. 경기장 안에는 적개심이 가득해서 폭발 일보 직전의 상황으로 치닫고 있었다. 뭔가 사고가 일어날 태세였다.

바로 그때였다. 당시 스물아홉 살의 피 위 리즈가 자신의 포지션인 유격수 자리를 떠나 천천히 다이아몬드를 가로질러 1루의 로빈슨을 향해 걸어갔다. 그는 1루에 도착하자 글러브를 벗어 떨어뜨리고는 천천히, 그리고 의도적으로 로빈슨을 감싸 안았다. 살기등등한 팬들의 목전에서 남부 출신의 백인 리즈가 흑인 로빈슨을 포용한 것이다. 로빈슨과 가볍게 웃음을 주고받은 리즈는 외야석을 바라보았다. 리즈가 뜨거운 동료애와 화합을 표현한, 그리고 집단적인 불의에 용기 있게 저항한 그 순간은 로빈슨의 메이저리그 입성의 전환점이 된 중요한 사건이었다.

리즈에게 관중들의 집단적인 위협은 두려움거리가 되지 않았다. 그는 진정으로 용기 있고 품위 있으며 독한 사람이었다. 사악한 인종차별주의자들과 불의에 침묵하는 비굴한 사람들, 집단적 목소리에 자신의 편견을 함께 실어 보내는 사람들의 무섭고 거대한 벽 앞에 한 흑인 선수와 한 백인 선수가 당당히 맞섰다.

피 위 리즈는 팀의 중심 선수로 뛰어난 활약을 했다. 여덟 차례 올스타에 선정되었고 1955년 월드시리즈 우승의 견인차가 되었다. 그리고 1984년 명예의 전당에 헌액되었다.

제키 로빈슨과 피 위 리즈는 진정으로 독한 사람의 면모를 유감없이 보여주었다. 불의와 편견에, 부당한 위협과 집단의 힘 앞에 비굴하게 굴복하지 않은 진정한 챔피언이었다.

독한 사람들은 결코 비굴함을 선택하지 않는다. 당당히 맞서는 용기를 보여준다. 그러한 용기는 독함의 또 다른 이름일 것이다.

CHAPTER **7**

지독하게 치열해서
아름다운 삶

독한 삶은 치열하다

'열심히 사는 것'은 그 자체로만으로 성공의 다른 이름이 될 수 있다. 나는 위대한 성취를 이룬 인물 중에서 안일하고 태만한 삶을 선택한 사람을 아직까지 발견하지 못했다.

자연과 함께 하는 유유자적한 삶에 대한 동경심을 품고, 헬런 니어링의 《조화로운 삶》이라는 책을 읽은 적이 있다. 그러나 이게 웬 일인가? 자연을 벗 삼은 니어링 부부의 삶은 치열함 그 자체였다. 직접 집을 짓고, 땀 흘려 일하고, 연구와 글쓰기까지 매진하다니……. 잠시 착각을 했던 내 자신이 부끄러웠다. 자본주의 사회에서의 성공을 목표로 하지 않았을 뿐, '열심히 사는 것'은 마찬가지였다.

《총각네 야채가게》로 유명한 이영석 사장의 기상시간은 새벽 2시라고 한다. 신선한 채소를 공급하기 위해 일찍 농산물 도매시장에 가기 위해서이다. 그는 매서운 바람이 부는 추운 겨울날에도 새벽같이 시장으로 달려가 동틀 무렵까지 채소를 고르는 것으로 일과를 시작한다.

1992년에 창업한 유리시스템즈를 1999년 루슨트에 10억 달러에 매각함으로써 실리콘밸리의 한국인 신화를 일구어낸 루슨트벨 연구소의 김종훈 소장의 학교생활은 치열함 그 자체였다. 그는 고등학교 1학년 시절부터 자취를 했는데 밤 11시에서 아침 7시까지 편의점 아르바이트를 하고, 일이 끝나자마자 등교했다고 한다. 학교에서 귀가 후 2~3시간이 그의 수면시간이었다. 그리고 미국에서도 주 40시간을 일하는 풀타임 직장에 근무하면서도 매일 2시간씩만 자면서 지독하게 공부했고 2년 만에 메릴랜드 대학에서 박사학위를 받았다.

석회 채굴장의 근로자였던 윌리엄 콘스터블은 하루에 8시간씩의 힘겨운 육체노동을 하면서 인디애나 대학을 다녔다. 그의 졸업 학점은 4점 만점에 3.95로, 수석이었다.

북경의 풍의미용원(風儀美容院)은 2000명이 넘는 고정고객을 확보하고 중국 미용업계에서 선두를 차지하고 있다. 이곳의 사장 양봉(楊鳳)은 가난한 노동자 출신으로 무일푼으로 상경하여 주경야

독의 치열한 삶을 거쳐 지금의 성공을 이루어냈다. 그녀는 매혈까지 해가며 학비를 마련했고, 직장생활과 공부를 겸하는 고된 일과를 보냈다. 자본금이 없지만 자신만의 가게를 운영하고 싶은 열의가 강했던 양봉은 망해가는 미용실 한 곳을 찾아 그 주인에게 제안했다. 세를 낼 돈은 없지만 그 대신 자신이 열심히 일해서 수익이 나면 그것을 나누자. 1년 안에 이윤이 나지 않으면 3년을 무보수로 일하겠다는 내용이었다. 결국 그녀는 그 미용실을 탄탄대로에 올려놓았고, 이를 바탕으로 직접 운영에 나서 현재의 성공에 이르게 되었다.

치열한 삶을 열심히 살아가는 이들을 볼 때마다 부끄러운 생각이 든다. 직장생활만의 피로를 버거워하며 힘들다고 투덜댄 적이 얼마나 많았던가? 풀타임 근로를 하며 박사학위를 따고, 대학에서 수석을 차지하고, 수준 높은 기술을 연마할 수 있는 힘은 과연 어디에서 나온 것일까? 높은 목표와 긍정적인 미래상이 치열한 삶과 결합함으로써 가능했으리라 생각한다. 남다른 성공을 꿈꾼다면 독한 마음을 품고 삶의 치열한 현장 속에 열정적으로 뛰어들어야 할 것이다.

엽기적으로 노력한다

중용에 "人一能之 己百之, 人十能之 己千之(인일능지 기백지, 인십능지 기천지)"라는 말이 있다. 남이 한 번 해서 되는 일을 나도 열 번 노력하면 될 수 있고, 남이 열 번 해서 되는 일은 나는 천 번 한다는 각오로 하면 이룰 수 있다는 뜻이다. 다른 사람들보다 100배 노력한다는 것은 가히 엽기적이다. 어지간히 독하지 않아서는, 거의 미치지 않고서는 꿈조차 꿀 수 없는 일이다.

정민 교수의 《미쳐야 미친다》라는 고전해설서에는 미치도록 독하게 노력한 여러 훌륭한 분들의 이야기가 나온다. 나는 그중에서도 김득신이라는 분에게 매료되었다. 김득신은 머리가 아주 나쁜 둔재 중의 둔재였는데, 엄청나게 책을 읽어대며 노력에 노력을 거듭했다고 한다. 그가 하인과 함께 길을 가던 중에 어느 집에서 책 읽는 소리가 나는 것을 들었다. 그 글은 많이 익숙하긴 한데 무슨 글인지 생각이 나지 않았다. 골똘히 생각하던 그에게 하인이 말했다. "나리께서 늘 읽으시던 夫學者(부학자) 載籍極博(재적극박) 하는 구절은 저도 알겠는데, 어찌 나리께서는 모르십니까?" 그제서야 김득신은 이것이 《사기》〈백이전〉의 한 구절임을 깨달았다고 한다. 그는 이 〈백이전〉을 무려 1억 1만 3000번 읽었다고 한다. 그 하인 이 어떻게 모를 수 있겠는가? 그는 〈독수기(讀數記)〉에 1만 번 이상 읽은 글의 목록을 기록했는데 앞에서 이야기한 〈백이전〉을 포함해 서 모두 36편이나 된다. 그는 피나는 노력으로 학자들의 귀감이 되 었으며 지금까지 그 이름이 전하고 있다. 많은 옛사람들이 김득신 의 우둔함을 화제로 올렸지만 그것에는 비아냥거림이 아니라 외경 이 담겨 있었다고 한다. 정민 교수는 김득신에 대해 쓰면서 한때 반 짝하는 재주꾼만 있고 노력가가 없는 세상은 경박하다고 평했다.

흔히 예술 분야에서 성공하는 데는 타고난 재능이 결정적인 역 할을 한다고들 말한다. 그렇지만 엄청난 노력이 그보다 더 중요함 을 말해주는 이들도 많다.

금세기의 위대한 첼리스트 카잘스는 매일 6시간씩 연습을 하는 사람으로 알려져 있다. 어느 날 왜 아직도 그렇게 연습하느냐는 질 문에 그는 "지금도 연습을 통해 발전하고 있기 때문"이라고 답했다.

피터 드러커는 그의 책《자본주의 이후의 사회》에서 노력의 중요성에 대해 이렇게 말했다.

> 정말이지 피아노 건반을 두들기는 것보다 더 지루한 일은 없다. 그러나 명성을 날리고 연주활동을 많이 하는 피아니스트일수록 더 열심히, 매일매일, 하루도 빠뜨리지 않고 연습하지 않으면 안 된다. 피아니스트들이 연주기술을 조금이라도 향상시키기 위해서는 여러 달 동안 같은 악보를 계속 연습해야 한다. 그리고 나서야 비로소 그들은 이제 그들이 마음의 귀로 듣게 된 음악적 성과를 얻을 수 있다.
> 마찬가지로 외과의사가 수술에 필요한 기술을 조금이나마 개선하기 위해서는 여러 달 동안 봉합술을 연습해야 한다. 유능한 외과의사일수록 더 열심히 틈나는 대로 봉합술을 연마해야 한다. 그것이 결국 그들의 수술시간을 단축시키고 또한 인간의 생명을 구하는 것이다. 성취가 성취를 낳는 것이다.

우리의 땀방울은 참으로 소중하다. 그것은 성과를 만들어 사회에 공헌하고, 사람을 살리고 세상을 아름답게 만든다. 어떻게 노력을 게을리 할 수 있겠는가?

독함은 '끈기'다

뉴턴은 "내가 사회에 이익이 되는 어떤 일을 했다면 그것은 근면성과 끈기 있는 사색 덕분이다"라고 말했다. 대학자 뉴턴이 천재적인 두뇌가 아니라 끈질기게 생각해서 학문적 성과를 이루었다고 고백하다니 다소 의외이다. 그러나 어찌 보면 이는 당연한 일일지도 모르겠다.

새뮤얼 스마일즈는 《자조론》에서 이런 뉴턴을 평하며 "이치나 사실을 밝혀내는 가장 쓸모 있는 도구는 상식, 관심, 몰입, 인내와 같은 평범한 자질들이다. 여기에 천재성은 필요하지 않을 수도 있다. 위대한 사람은 천재적인 능력을 그다지 신봉하지 않으며 평범한 성공인들과 마찬가지로 지혜롭고 끈기가 있다"라고 언급함으로써 끈기의 중요성을 강조했다.

우리는 과정상의 실패를 두려워하지 않고 끈질기게 부딪침으로써 큰 성공을 이룰 수 있다.

이그나티우스 피자라는 미국의 의사가 캘리포니아 몬테레이 베이에서 병원을 열려고 할 때의 일이다. 그 지역은 병원이 많아 경쟁이 치열한 상태였는데 그의 개원 마케팅은 매우 특이했다. 나는 '끈기 마케팅'이라고 이름을 붙이면 어떨까 한다. 그가 한 일은 가가호호 직접 방문하여 개원 사실을 알리고, 병원 이름, 위치 선정 등에 대해 질문하며 개원식 참석을 부탁하는 것이다. 그는 개원 전 4개월 동안 무려 1만 2500가구를 방문했는데 그중 절반은 문전박대를 당했고 6500명 정도와 대화를 나눌 수 있었다. 그리고 개원을 했는데 첫 한 달 동안 233명의 환자를 진료하고 7만 2000달러의 기록적인 수입을 올렸다고 한다. 이는 거절을 두려워하지 않고 끈기를 가지고 부딪친 결과로 주어진 엄청난 성공이다.

미국인 크리스토퍼 숄즈는 실용화된 타자기를 발명한 사람으로 알려져 있다. 그러나 타자기는 숄즈의 아이디어가 아니다. 이전에도 타자기 관련 특허는 많았고, 숄즈는 52번째의 타자기 발명가일 뿐이다. 거기다 그는 발명과는 거리가 있는 사람이었다. 그런 숄즈가 실용화된 타자기의 아버지가 된 것은 끈기 때문이다. 그 이전의 사람들이 상용화를 포기했지만 숄즈는 끈질기게 매달리며 기존 발명품의 한계를 획기적으로 개선했다. 숄즈의 자판 배열은 현대 키보드의 원형이 되었다.

아이디어와 꿈은 성공의 밑바탕이다. 그러나 끝까지 매달리는 독한 끈기가 없다면 많은 꿈도, 최고의 아이디어도 결국 환상으로 그칠 뿐이다. 끈기가 있어야 무엇인가 일을 이룰 수 있다. 큰 성공에는 많은 시간과 인내가 필요한 법이기 때문이다. 독함은 '끈기' 다.

독한 사람은 포기하지 않는다

생존율 50%의 고환암을 극복하고 투르 드 프랑스를 7번이나 석권한 사이클 황제 랜스 암스트롱은 이렇게 말했다. "고통은 순간적이다. 결국 고통은 사라지고 다른 게 그 자리를 차지하기 마련이다. 하지만 내가 중도에 포기하면 고통은 영원히 지속된다."

나는 포기하면 고통이 지속된다는 말에서 그간의 생활을 반추해보았다. 참으로 많이 포기했고 그래서 고통이 이어졌다. 고통은 순간이다. 지금이 최악의 순간이라고 해도 결국 지나고 마는 것이다. 나는 왜 이 사실을 실감하지 못하고, 그 고통을 연장했는지 많은 후회와 반성을 했다. 그래서 포기하지 않고 계속 전진하는 삶을 훈련하고 있다.

포기는 독해서 착한 사람이 되려는 우리에게는 절대 있을 수 없는 이야기다. 나약하게 포기하면 공헌할 수 없고 공헌하지 못하는 사람은 착한 사람이 아니다.

앤디 앤드루스의 베스트셀러 《폰더 씨의 위대한 하루》는 실의에 빠져 포기하고 싶은 많은 사람들에게 용기를 주었다. 이 책에서는 천국에 관한 상상력이 동원되는데 그 묘사가 매우 흥미롭다. 천국에는 원래 우리 것으로 주어졌지만 우리가 포기함으로써 얻지 못해 공상으로 끝난 것들을 모아두는 창고가 있다고 한다. 우리는 포기를 통해 예정된 성공을 날려 보내고 있는지도 모른다.

성공한 보험세일즈맨인 R. U. 더비는 젊은 시절에 숙부와 함께 금광을 쫓은 경험이 있다. 광맥을 찾아낸 그들은 친척과 이웃들에게 자금을 빌려 금광을 캐기 시작했다. 그러던 어느 날 금광맥이 사라져버렸다. 착암기로 계속 파 내려갔지만 한 조각의 금도 얻지 못하자, 그들은 포기했다. 채굴장비를 몽땅 고물상에게 팔아넘기고 고향으로 돌아간 것이다. 그들에게서 채굴장비를 구입한 고물상은 혹시 하는 생각에 광산기사를 데리고 광산을 조사했는데, 금광맥은 더비와 숙부가 채굴을 포기한 지층으로부터 단 1미터 아래에 있었다. 고물상은 이 광맥을 통해 수백만 달러를 벌어들였다. 더비는 이 일을 통해 큰 교훈을 얻었다. 성급한 포기가 얼마나 위험한 일인지를 깨달은 것이다. 그는 목표한 고객이 거절해도 절대 포기하지 않는 독한 근성을 발휘했고 연간 100만 달러가 넘는 실적을 올리는 보험세일즈맨이 되었다.

성공한 미국인 500명을 대상으로 결정적 성공요인을 묻는 한 조사의 결론은 시사하는 바가 크다. 그들이 성공한 가장 중요한 비결은 모든 사람이 포기할 때 조금 더 견뎠기 때문이라고 한다.

천국의 창고에 내가 이루거나 얻을 것들이 쌓여 있다고, 포기하지 않고 실행한다면 그것을 얻도록 예정되어 있다고 생각해보자. 바로 1미터 아래에 금광이 있다고 상상해보자. 무모한 도전이 위험하다면 무모한 포기는 훨씬 더 위험하지 않은가?

미치면 미친다

　1998년 어느 여름날 저녁, 북경대 도서관 세미나실에서 단정한 외모의 한 젊은이가 마이크를 붙잡고 팔을 휘두르며 소리를 질렀다. 그 아래에는 학생, 공안간부, 퇴직자 등 1000명이 넘는 사람들이 삼복더위에도 아랑곳없이 손에 카드를 들고 목청이 찢어져라 고함치고 있었다. "미쳤어, 저 사람들 다 미쳤어!"라고 북경대 도서관에서 자전거를 관리하는 노인이 말했다.

　대체 무슨 일일까? 이 풍경은 미친 영어, '크레이지 잉글리쉬'를 강의하는 장면이었다. 앞에서 이끌고 있는 미친 사람은 바로 '크레이지 잉글리쉬'의 창시자 이양이었다. 여섯 번 연속 이양의 강좌를 들었다는 한 대학생은 "강의마다 사람들로 넘쳐났는데, 바닥이나 복도 할 것 없이 사람들로 가득 차고 외국 유학생들까지도 참가했다"라고 증언했다. 북경대 도서관 입구의 한 영어 강사는 "영어과 교수님들까지 참가해서 한바탕 광란의 도가니에 빠졌다"라고 말했다.

이양의 미친 영어는 각 대학에서 선풍을 일으켰다. 늦은 밤, 불 꺼진 기숙사에는 영어로 고함치는 소리가 여기저기서 들려왔다. 기숙사 관리인은 말릴 수도 안 말릴 수도 없는 난감한 상황에 처할 정도였다. 이것이 바로 광기에 기대어 사업을 끈기 있게 밀고 나가 성공한 청년 이양의 스토리다.

이양은 원래 무척 내성적인 성격이었다. 그의 성적, 특히 영어 점수는 늘 낙제였다. 대학 2학년 때까지 영어 시험에 통과해야 학위를 받을 수 있었기 때문에 매일 아침 정신 집중을 해서 영어 공부를 할 수밖에 없었다. 그는 조용한 학교 열사정(烈士亭)으로 달려가 큰 소리로 영어를 외웠는데, 고함을 지르면 정신 집중도 잘 되고 효과도 썩 괜찮다는 사실을 깨달았다. 몇 주일 후 이양은 용기를 내어 학교 영어 동아리로 갔다. 그런대로 영어가 좀 되었고 이양은 무엇인가 느낌이 왔다. 그래서 매일 점심시간마다 열사정에서 미친 것처럼 고함을 질러댔다. 눈이 오나 비가 오나 멈추지 않고 꼬박 4개월을 그렇게 했다. 내성적인 성격을 극복하기 위해 그는 커다란 미제 작업용 신발에 널찍한 바지를 입고 귀걸이를 하고 다녔다. 그런 차림새로 교정을 오가면 사람들은 수군대며 웃었다. 이양은 영어로 고함을 지르면서 마침내 원서 10권을 다 암송하게 되었다. 미쳤다고 놀림받던 이양은 4급 영어 시험에 통과했을 뿐만 아니라 전교 2등이라는 성적도 손에 넣게 되었다. 가장 공포스럽고 지겹던 영어가 이양에게 성공의 기쁨을 가져다준 것이다. 이양의 '크레이지 스토리'는 이렇게 시작되었다.

폐쇄적인 성격을 극복하기 위해 이양은 영어로 도전하겠다고 결심했다. 그는 '나는 쪽팔림을 사랑한다'를 좌우명으로 삼고 자신의 공부 경험을 40페이지에 달하는 원고로 써서 학교에서 큰 소리로 연설을 했다. 이양의 표현을 빌리면 그날 밤 그는 긴장해서 구역질이 다 나올 지경이었다. 그러나 그는 용감하게 강단에 올라섰고 숨 가쁜 연설을 마쳤다. 연설은 예상외로 성공적이었다.

대학 졸업 후 이양은 한 연구소에서 1년 6개월 동안 엔지니어로 일했다. 매일 아침 그가 첫 번째로 하는 일은 바로 옥상으로 뛰어올라가 영어로 소리 지르는 것이었다. 1년 6개월이 지난 후 그는 1000명이 넘는 응시자 중 뛰어난 점수로 광동 인민라디오방송국 영어 채널 아나운서로 채용됐다. 그는 아나운서 중 유일하게 영어 전공자가 아니었다. 그렇지만 그는 뉴스 앵커와 토크쇼 프로그램 진행을 맡고 광주 지역에서 가장 인기 있는 영어 아나운서가 되었다. 외국인조차도 이양의 본토박이 영어 실력에 감탄해 마지않았다.

미국 중의원 외교위원회 수석고문 리차드 부쉬가 광주에서 연설을 할 때 이양이 통역을 했다. 뛰어난 통역 실력 덕택에 그는 미국 외교위원회 위원장의 친필 서신을 받고 탁월한 영어 실력과 중미 양국을 위한 공로를 인정받았다. 미국 대통령 특사, 상무부 장관 브라운이 광주를 방문했을 때도 이양이 유일한 중국인 통역관이었다.

다양한 전문 영역 통역에서도 이양은 변함없는 실력을 과시했다. 1994년 세계 이동통신 국제회의에서 이양은 27명이나 되는 연사들의 발표를 동시통역했다. 전문용어가 워낙 많아 파악하기가 매우 어려운 내용인데도 훌륭하게 처리해서 동료들이 그를 새롭게 바라보는 계기가 되었다.

이양은 자주 이런 말을 했다. "힘들면 힘들수록 나는 더 흥분된다. 이것이 바로 광기다. 나는 천재가 아니다. 그리고 천재는 없다. 천재는 우리가 육안으로는 1/6밖에 확인하지 못하는 빙산의 일각일 뿐이다. 나머지 5/6는 깊은 바다 속에서 묵묵히 싸우고 있다. 도전! 정복! 광기! 내가 지금 당신들보다 강할 수 있는 것은 내가 당신들보다 더 미쳐 있기 때문이다."

다른 사람보다 더 나은 삶을 살고 싶다면 미쳐야 한다. '不狂不及(불광불급)'이라 했다. 미치지 않으면 미치지 못한다. 그리고 독하게 미쳐야 한다. 이런 광기야말로 인생의 진정한 아름다움이 아닐까?

사명을 실현하는 강한 책임감

　'굿바이 마이 달링' 이라는 제목의 아주 오래된 영화가 생각난다. 10명의 자녀를 둔 어머니가 암으로 시한부 인생을 통보받았는데, 그녀의 남편은 알코올의존증으로 아이들을 돌볼 수 있는 능력과 자질이 없다. 그래서 어머니는 얼마 남지 않은 기간 동안 아이들을 입양시켜 새 가정을 찾도록 한다. 그런데 간질병이 있는 한 아들은 입양을 원하는 가정이 없어 고아원에 보낸다. 자녀들을 모두 정착시킨 후에 병이 더 깊어진 어머니는 마지막으로 아이들을 만난 후에 숨을 거둔다.

　내가 너무 어려서인지, 아니면 그 당시 입양에 대한 편견이 있었던 탓인지 어머니의 선택이 잘 이해되지 않았다. 그렇지만 자녀의 미래를 열어주려는 어머니의 강한 책임감만은 오래도록 가슴에 남아 있다. 그녀는 그 강한 책임감 때문에 죽음과 이별 앞에서도 독한 선택과 실천을 하게 되었을 것이다.

자신의 사명을 다하려는 강한 책임감은 독한 사람을 만든다. 책임감을 지키기 위해서는 독해야 한다. 가장 독한 의사결정을 한 사람은 누구일까? 제2차 세계대전의 확전을 막기 위해, 일본 본토 상륙작전의 더 큰 아픔을 피하기 위해 수십만의 생명이 희생되는 원폭 투하 결정을 내린 미국의 트루먼 전 대통령이 아닐까 하고 생각해본다. 그는 그 참혹한 결정을 할 때 남이나 환경을 탓하지 않았다. 그 대신 "모든 책임은 여기서"라고 말했다. 그런 의미에서 어떤 조직이든 리더이거나 리더가 되려는 사람은 더 큰 책임감을 가져야 한다.

마쓰시타 고노스케는 "경영자는 절대적인 책임을 지겠다는 심리적인 준비가 되어 있어야 한다. 직원이 100명이든 200명이든 또는 1000명이든 2000명이든 경영자 한 사람이 모든 책임을 져야 한다. 가장 높은 위치에 있는 만큼 책임 또한 그의 발밑에 모두 놓여 있는 것이다. 이것은 예나 지금이나 변치 않는 도리다"라고 말했다.

책임감이란 자기 자신에 대한 진지한 노력이다. 우리가 진료를 받기 위해 병원에 가면 전혀 모르고 지내던 의사가 우리에게 처방

전을 끊어준다. 우리는 의사의 지시대로 약을 사서 시간에 맞춰 복용한다. 약을 잘못 먹는 건 아닌지 걱정할 필요도 없다. 왜냐하면 우리는 병원을 믿고 그 병원에서 근무하는 의사들이 우리를 책임질 것이라고 믿기 때문이다.

우리는 은행에 들어가 수천만 원의 거금을 처음 보는 은행 직원에게 건네주고 마음을 놓는다. 이제 더 이상 돈을 도둑맞을까봐 걱정하지 않아도 되기 때문이다. 왜 우리는 은행에 들어가 모르는 사람에게 돈을 맡기는가? 그것은 은행이 우리의 돈을 책임져줄 것이라고 믿기 때문이다.

우리는 택시를 타고 운전기사에게 목적지를 말해놓고 한가하게 창밖의 풍경을 감상한다. 차가 멈추면 우리가 가고자 했던 곳에 도착해 있을 것이라고 믿는다. 이런 믿음은 어디에서 나오는 것일까? 이는 운전기사에 대한 우리의 믿음에서 비롯되고 운전기사가 우리를 책임져줄 것이라는 믿음이 있기 때문이다.

책임은 신뢰를 낳고 신망을 낳는다. 책임감이 있는 사람, 자신의 약속과 행동을 책임질 줄 아는 사람이 신뢰와 신망을 얻는다.

우리 사회는 크고 작은 책임으로 유지되고 있으며 모든 책임은 나름대로의 자리가 있다. 사장의 자리, 관리자의 자리, 부서 책임자의 자리. 이 자리들은 사람이 채워야 한다. 그 자리에 선 사람은 바로 그 자리를 책임질 수 있는 사람이어야 한다. 책임감도 없고 책임감이 무엇인가를 알지 못하는 사람은 어떤 일이든 감당할 수 없다.

한 유치원에서 유치원 교사를 모집했는데 짧은 시간에 100명이 넘는 지원자들이 몰려들었다. 유치원 복도는 면접을 기다리는 사람들로 붐볐다. 그때 한 남자아이가 복도에서 자지러지게 울고 있었는데 놀랍게도 아무도 다가가 달래주는 사람이 없었다. 유치원에서는 그날 아무도 채용하지 않았다. 나중에 유치원의 책임자는 "우리는 아이들을 정말로 사랑하고 책임질 줄 아는 사람을 뽑고자 한다"라고 말했다.

그렇다. 세상은 정말로 책임질 능력이 있는 사람에게 책임을 넘겨주려고 한다. 리더십을 갖춘 사람은 항상 더 많은 책임을 기꺼이 받아들이며, 적극적이고 자발적인 태도로 일하면서 회사나 기관의 전체적인 이익을 위해 뛴다. 하찮은 일에 종사할지라도 숭고한 책임감이 있다면 리더가 될 기본 조건을 갖추었다고 볼 수 있다. 그러나 고위간부라고 할지라도 책임감이 없다면 언젠가는 그 자리에서 쫓겨날 것이다. 쫓겨난 그는 아마 다른 일도 제대로 못 할 것이다.

성공하고 싶다면 책임감을 길러야 한다. 큰일을 도모하는 사람이라면 반드시 책임지는 법을 배워야 한다. 우선은 자신을 책임질 줄 알아야 할 것이다. 자신을 책임질 수 있는 사람만이 가족과 사회, 국가를 책임질 수 있을 것이며 진취적인 정신과 성공의 꿈을 가진 사람으로 성장할 것이다. 그러므로 큰일을 하려는 사람은 우선 자신을 책임지는 습관부터 길러야 할 것이다. 자신에 대해 책임지기 위해서는 끊임없이 자신을 갈고닦으면서 사회에 적응해나가야 할 것이다. 자신에 대한 요구가 엄격하지 않다거나 자신을 멋대로 방임하는 것 또한 자신을 책임지지 못하고 있다는 증거다.

우리는 독하고 당당하게 책임질 줄 아는 사람이 되기 위한 준비를 게을리 하지 않아야 될 것이다. 그러기 위해서는 건강한 정신, 그리고 끊임없이 배우는 태도가 필수적이다. 건강한 정신은 우리 인생의 좌표를 단단히 묶어주고 인생의 가치체계를 확립한다. 건강한 정신이 바탕이 되어야만 중대한 책임을 맡을 수 있다. 건강한 정신과 사명감은 책임을 담는 그릇이다.

우리는 서로 의지하며 살아가는 사회에서 생활하고 있고 고도로 발달한 물질문명의 풍성한 혜택을 누리고 있다. 마찬가지로 사회도 우리에게 최대한의 노력으로 우리의 능력과 지혜를 바치도록 요구하고 있다. 책임감이 있는 독한 사람들은 자신의 사명과 일을 위해, 자신이 책임져야 할 사람들을 위해 온 몸과 마음을 다바치는 지독함을 보일 것이고 우리 사회를 위해 공헌할 것이다.

독한 사람들은 미루지 않는다

부끄러운 고백을 한 가지 하겠다. 지금은 많이 나아졌지만 나는 미루기의 달인이었다. 엄청나게 많은 일들을 벌여놓고 미루고 미루다 결국 끝장을 보지 못한 경우가 많았다. 이런 이유 때문에 《미루는 습관 극복하기》라는 책을 샀는데, 그 책을 읽는 것조차 미루고 말았다. 엄청난 분량과 전문적인 내용 때문이라고 자기합리화를 했지만 400페이지가 약간 넘는 분량에, 집중하면 어렵지 않게 볼 수 있는 책이었다. 몇 년의 훈련을 거치며, 아직 만족스러운 수준은 아니지만 어느 정도 이 악습을 극복하고 있는 중이다. 그리고 그 책이 나온 출판사에서 이렇게 나의 책을 출간하게 되었다.

'미루기'는 악마가 사람의 성취를 방해하고 그를 무너뜨리는 가장 큰 무기라고 한다. 악마는 그것을 하지 말라고 직접적으로 요구하지는 않는다. 그 대신 "내일 해, 시간이 아직 많아"라고 유혹함으로써 우리가 아무것도 하지 못하도록 만든다. 악마는 속삭인다. "하고 싶을 때 하면 돼, 일단 다른 일을 먼저 끝내야지, 그 일은 너무 힘들어, 어떻게 시작해야 할지 모르잖아, 곧 저절로 일이 풀리겠지, 생각한다고 될 일이 아니야, 어떻게 이렇게 많은 일을 떠맡았을까? 이건 불공평해, 어차피 데드라인에 임박해야 집중력이 생기고 일이 더 잘돼. 그러니 나중에 하면 돼, 넌 지금 그것을 할 기분이 아니야." 그럴듯해 보이는 이 말들을 합리적으로 분석해보면 철저한 기만과 자기합리화임이 백일하에 드러난다.

우리는 왜 미루는가? 학자들에 의하면 게으름, 무기력, 의존심, 부끄러움, 열등감, 완벽주의, 실패에 대한 두려움 등이 미루기를 조장한다고 한다. 그리고 이것이 반복되면 몸에 배어 습관화의 무서운 지경에 빠지게 된다. 부지런한 사람도 완벽주의나 실패에 대한 두려움 때문에 미루기의 덫에 빠질 수 있다. 완벽하게 아무런 과정상의 실패 없이 할 수 있는 일은 거의 없다. 그러니 두려움을 버리고 일단 부딪치는 게 관건이다.

미루는 습관이 있는 사람에게는 플래너의 사용이 효과적이다. 나에게도 많은 도움이 되었다. 'TO DO LIST' 항목에 여가나 즐거움을 염두에 두지 말고, 내가 처리해야 할 모든 것의 목록을 작성한다. 그 다음 열심히 할 생각이 없는 일들은 모두 삭제해버린다. 플래너는 또한 자신의 사명과 가치의 우선순위를 정하고 현실적인 목표를 설정하고 이것을 기록하도록 돕는다. 미루고 있는 일들이 자신의 목표와 가치에 충분히 부합하는지 따져보고 만약 그렇지 않다면 소중한 목표에만 전념하고 나머지는 다 폐기해버리는 것이 좋다.

미루고 있는 자신의 내면을 들여다보자. 혹시 불안감이나 분노, 완벽주의 같은 것들이 없는가? 지금 내 일이 너무 힘들다거나 한 번 좌절하면 그것으로 끝이라는 근거 없고 비합리적인 신념을 갖고 있는지에 대해서도 냉정히 파악해보자. 이런 비합리적인 신념이 있다면 이것을 고치도록 노력하고 더욱 합리적으로 생각해야 한다. 그리고 현실에 적합한 생각들을 갖도록 노력할 필요가 있다.

목표들을 어떠한 세부 단계와 조처들로 나누어 성취할 것인지 계획을 세운다. 과제를 마칠 때까지 필요한 시간을 산정한 다음, 그 시간을 두 배로 늘린다. 그리고 계획대로 실행에 들어가며 성공에 대한 보상을 정해놓고 각 단계마다 스스로 보상한다. 이 모든 훈련 과정을 면밀하게 관찰하고 모든 조처와 변화를 기록한다.

독한 사람은 미루지 않는다. 미루기는 모든 나약함의 집결체이다. 미루기는 행복을 지연시키고 낭패를 앞당긴다.

윤동주 시인은 노래했다. "내일 내일 하기에 물었더니 밤을 자고 동틀 때 내일이라고 새날을 찾던 나는 잠을 자고 돌보니 그때는 내일이 아니라 오늘이더라 무리여! 동무여! 내일은 없나니"

시인의 말처럼 미룰 수 있는 내일은 존재하지 않는다. 더 이상 행복해지는 것을 내일로 미루지 말자. 오늘을 최고의 것들로 채워 가자.

진정한 독함은 고요함 속에서 나온다

나는 가끔씩 치열하고 열정적이며 불굴의 의지를 표현하고, 책임을 실현하는 삶을 떠들썩한 것과 혼동하곤 했다. 그러나 이것은 큰 착각이었다. 큰 목소리만이 열정을 나타내지는 않는다. 고요함이 역동성을 가로막지도 않는다. 진정한 강함은 부드러움 속에 있고, 높은 차원의 독함은 고요한 마음에서 비롯된다.

사실 마구 떠들고 어수선하게 우왕좌왕하는 것은 독하게 열심히 사는 것과는 아무런 관련이 없다. 오히려 그런 행동은 불안과 무계획의 표출이며 일종의 방어기제일 뿐이다.

공자는 노나라의 왕태라는 장애인을 매우 칭찬했는데, 그 이유를 물은 제자들에게 이렇게 대답했다고 한다. "그 무엇에도 흔들리지 않는 마음의 고요함을 지니고 있기 때문이다. 사람들은 흐르는 물보다 조용하고 정지된 물에 자신을 비춰 보는 법이다. 또한 변함없는 마음을 지닌 사람은 남에게도 편안함을 준다."

고요하게 자신의 내면을 들여다보며, 결코 흔들리지 않고 변함없이 가치를 추구해가는 사람이야말로 진정으로 독한 사람이 아닌가?

흔들림 없는 마음의 고요함이야말로 지금 나에게 꼭 필요한 덕목이라고 생각한다. 차분하고 한결같은 마음을 유지하고 싶지만 아직 나의 내면의 깊이가 받쳐주지 못하고 있기 때문이다. 가끔씩은 무엇을 원하는지, 무엇을 해야 하는지 좌표를 잃고 방황할 때도 있다. 이것은 내 인생의 목표와 로드맵이 완벽하지 않기 때문일 수도 있다. 그래서 나의 사명과 목표, 로드맵을 돌아보며 이를 명확하게 이미지화 시키려고 노력한다. 그것이 분명해야 마음의 고요함을 찾을 것이다. 작은 것에 부화뇌동하지 않는 깊이 있는 독함을 갖춘 사람이 되기 위해 나는 진정으로 큰 것을, 그리고 내면을 응시하며 길고 차분한 호흡을 한다.

CHAPTER **8**

독하게 아껴라

독하게 아낀다

우리는 철저하게 절약하는 사람들을 독하다고 부른다. 맞는 말이다. 독한 사람들은 쩨쩨하다는 욕을 들으면서도 철저한 돈 관리를 한다. 그들은 독하게 벌고, 독하게 아끼고, 독하게 모은다. 그리고 독하게 돈을 쓸 줄 안다.

현대그룹의 고 정주영 회장은 창업 당시 커피를 마시는 것조차 외화 낭비라고 말하며 직원들에게 근검절약을 강조했다. 그는 1980년대 초 구두 밑창을 교체하는 돈을 아끼기 위해 구두 바닥에 징을 박았다. 그리고 그는 1970년대에 입었던 작업복을 몇십 년 동안이나 그대로 입었다. 집 안에서 쓰는 TV도 1988년에 생산된 17인치 텔레비전이었다.

미국 석유재벌 록펠러는 거액의 재산을 소유하고 있었지만 늘 사소한 금액까지도 다 따지고 계산했다. 그는 모든 지출을 다 기록했는데 3센트 우표 값까지도 빠뜨리지 않았다. 그는 항시 금전출납부를 몸에 지니고 다녔다. 그의 금전출납부는 일목요연하고 자세하게 기록되었다. 이런 습관 덕분에 록펠러는 석유회사를 경영할 때도 원가와 지출, 판매, 이익 등 수치를 정확하게 꿰고 있었다.

인도네시아 최고의 갑부 임소량(林紹良)의 자산 총액은 70억 달러를 넘는다. 현재 그의 명의로 된 192개의 회사가 인도네시아를 비롯한 세계 각지에서 금융, 부동산, 광산, 전자, 해운 등 70여 개 업계에서 다양한 사업을 벌이고 있다. 임소량은 재계의 거물이었지만 절대 자신의 재력을 자랑하지 않았으며 이리저리 꼼꼼히 따지고 한 푼도 헛되이 쓰지 않았다. 그는 돈은 꼭 필요한 곳에만 써야 한다고 생각했다.

오늘날 세계적으로 유명한 마쓰시타의 전신은 어땠을까? 이 기업이 소켓을 만들어 팔던 작은 회사였다고 누가 상상이나 할까? 오늘의 마쓰시타는 근검절약을 실천하면서 최대한 원가를 떨어뜨리고 끊임없이 새로운 것을 발명하면서 더 높은 이상을 향해 고군분투한 피와 땀의 결정이다. 회사 창립 초기 직원은 20명에 불과해서 마쓰시타가 직접 동경으로 쌍소켓 영업에 나섰다. 그런데 시간이 흐르자 혼자 힘으로는 부족해서 17살의 이구사 토시오를 동경에 상주하도록 했다. 사무실을 만들 시간이 없어서 이구사 토시오는 잠시 다른 사람의 집에 머무를 수밖에 없었다. 그는 와세다 대학 부근의 학생 기숙사에 짐을 풀었다. 그 후 매일 아침 일찍 동경 시내로 달려가고 오더가 있으면 즉각 오사카의 마쓰시타에게 보고했다.

이구사 토시오가 빌린 학생 기숙사는 여름만 되면 모기가 몰려들었다. 그래서 그는 3엔짜리 삼베 모기장을 구입하고 오사카에 보고를 했는데 마쓰시타로부터 생각하지도 못했던 야단을 들었다. "지금 회사 상황과 자네 신분으로 어떤 이유에서든 3엔짜리 모기장은 사치야. 1엔짜리 면 모기장만 해도 충분해. 필요 없는 지출은 절대 용납 못해!"

이 두 사람은 훗날 각각 마쓰시타와 산요의 사장이 되었지만 근검절약의 습관은 없어지지 않았다.

큰 부자는 하늘이 내리고 작은 부자는 절약이 만든다고 했다. 작은 부자가 되려면 늘 아끼고 절약하는 생활을 해야 하고 큰 부자가 되려면 기회를 잘 잡아야 된다는 뜻이다. 일반적으로 우선은 작은 부자가 되어야 큰 부자도 될 수 있다. 그렇지 않으면 아무리 좋은 기회가 왔다 하더라도 종자돈이 없어 눈앞에서 지나가는 기회를 그냥 보고만 있어야 한다. 실제로 우리가 알고 있는 많은 부자들이 그의 가족들이나 직원들 모두 절약을 아주 중시하고 불필요한 지출을 삼가고 있다.

백만장자들의 비밀

백만장자들의 비밀은 근검절약이다. 그들은 부를 이루는 과정에서 지독할 정도의 근검절약을 했고, 대부분은 부자가 되어서도 이 습관을 유지하며 자신의 부를 지키고 더 키워나갔기 때문에 현재의 부자가 된 것이다.

시장조사 전문가 토마스 스탠리와 윌리엄 덴코는 20여 년의 연구를 거쳐 《The Millionaire Next Door》를 출간했다. 이 책은 출간 후에 상당히 오랫동안 베스트셀러 목록에 올라 있었다. 이 책에서 묘사한 미국 부자들의 모습은 우리가 매스컴을 통해 봐오거나 상상했던 것과는 상당한 차이가 있다. 그들 대부분은 검소한 생활을 하고 있었으며 보통사람과 별반 다르지 않았다. 단지 그들은 부자가 되는 과정에서 보통 사람들이 놓치는 것들에 주의를 기울였다.

주요 저자인 스탠리도 그러한 새로운 시대의 백만장자에 속한다. 페이퍼백 판권만으로 100만 달러가 넘는 돈을 벌었지만 그는 여전히 1982년에 지은 방 네 개짜리 주택에 살면서 매우 검소한 생활을 한다.

다음은 스탠리가 〈US 뉴스 & 월드 리포트〉라는 잡지와 인터뷰를 하면서 미국 백만장자들의 성공에 대해 이야기한 내용을 정리한 것이다.

백만장자는 어떻게 부자의 길로 들어섰는가?

수입과 부는 완전히 다르다. 반드시 이 점을 명심해야 한다. 오늘날 대부분 부자들은 수입이 아주 많지만 더욱 중요한 것은 늘 절약과 저축을 하면서 함부로 돈을 쓰지 않는 것이다. 그들 중 대부분은 자신이 감당할 수 있는 범위의 생활수준을 유지하고 있다. 우리가 조사한 백만장자의 연평균 수입은 13만 달러다. 그러나 대다수가 매년 10만 달러 이하를 지출한다. 미국에서 백만장자의 연평균 지출은 6만에서 10만 달러 사이다.

백만장자들의 생활방식은 어떠한가?

보통사람들은 아마 믿기 어려울 것이다. 많은 백만장자가 매우 검소한 생활을 한다. 심지어 보통가정보다 더 검소한 사람도 있다. 내가 아는 부자 중에 재산이 2500만 달러가 넘는 사람이 있다. 그는 여태껏 새 차를 사본 적이 없다. 아이가 넷이나 있는데 방이 세 개뿐이어서 두 아들은 이층 침대를 쓰고 있다. 그리고 그는 5년이 넘은 볼보차를 타고 있다. 보통 미국인들은 상상도 할 수 없는 일이다. 내가 아는 또 다른 부자는 50세쯤 된 의사인데 의대를 졸업한 후 지금까지 몰아본 차가 딱 두 대뿐이다. 그의 첫 번째 차는 30만 킬로미터를 운행했다. 그리고 6년 전에야 겨우 차를 바꿨는데 그것도 중고차였다. 또 어떤 부자는 한 번도 외식을 한 적이 없다. 그는 늘 부인이 준비한 점심을 서류 봉투에 담아 회사에서 먹었다. 30년을 그렇게 근검하게 생활하면서 적지 않은 돈을 모았다.

근검절약하는 생활이 정말 의미가 있는가?
근검한 재정계획은 절대 무의미하지 않다. 우리가 조사한 부자들은 아무런 수입이 없는 상황에서도 16년간 더 생활을 해나갈 수 있다. 건축 설비를 다루는 한 부자가 우리에게 얘기해줬다. 그가 사업상 만나는 회사 임원들 중에는 아이가 유괴되어도 아이를 찾아올 1만 달러가 없는 경우가 있다고 했다. 그들의 재정상태가 얼마나 엉망인지 알 수 있다. 그리고 재정

계획이 얼마나 중요한지를 알려주는 이야기가 있다. 나는 백만장자가 아닌 사람과 얘기를 나눈 적이 있다. 그는 50세 정도의 큰 회사 중간관리자였다. 크리스마스 1주일 전에 크리스마스 다음 날 부로 덴버시로 발령이 났다는 사실을 통보받았다. 만약 충분한 저축이 있었다면 그는 유쾌하지 못한 인사이동을 거절했을 것이다. 왜냐하면 그에게는 같은 학교에 다니는 세 아이가 있었고, 아내도 지금 살고 있는 지역을 더 좋아했기 때문이다. 그러나 저축이 겨우 3개월치 급여 정도였기 때문에 결국 온 가족이 원하지 않는 곳으로 이사를 하는 수밖에 없었다. 진정한 백만장자에게는 절대 이런 일이 일어나지 않았을 것이다.

돈을 모으는 데 가장 방해가 되는 최대 천적은 무엇인가?
옷이나 외식처럼 실용적인 가치가 없는 곳에서 낭비하지 말아야 한다. 의사, 변호사, 회계사나 MBA 수료자들은 자신의 신분에 맞는 생활을 해야 한다고 생각할 수도 있다. 신분에 어울리는 주거환경과 비싼 승용차 등등. 전에 2000달러가 넘는 양복을 아주 많이 가지고 있는 사람을 방문한 적이 있다. 2000달러가 넘는 옷들이 옷가게를 벗어난 후에 과연 얼마만큼의 가치가 있는지 스스로 반문해보았다. 젊은 증권중개인을 알고 있는데 연수입이 8만 달러였다. 그는 호화빌라를 구입하고 싶어 했다. 그의 명세서를 본 적이 있는데 그가 사고 싶어 하는 물건의 가치가 은행대출 한도와 맞먹었다. 나는 그에게 내가 알고 있는 부부 이야기를 해주었다. 두 부부는 연수입이 8만 달러가 넘었지만 늘 버스를 타고 출근했으며 야근을 밥 먹듯이 했다. 증권 중개인 자격이나 MBA 학위가 있다고 해서 꼭 그렇게 사치스러운 생활을 해야 하는가? 사실 그렇지 않다. 미국 백만장자 중 반수 이상이 중산층이나 블루칼라 계층이 집중되어 있는 지역이나 시골에 살고 있었다. 우리가 그들 집에 들어갔을 때 옷장에는 양복이 한 벌도 없었다. 정말 놀라울 따름이었다. 그는 다 떨어진 청바지를 입고 10년이 넘은 중고차를 몰고 다녔다. 하지만 그의 고등학교 동창들은 지금 호화주택에서 고급차를 타면서 자녀들은 사립학교에 보내고 있었다. 그 부자는 내게 그의 사치스러운 동창들은 아무런 재산이 없다고 말했다. 또 그들은 '유명무실'이라는 말로 표현했다.

진정한 부자들은 대부분 아주 검소하다. 재산도 없으면서 마구잡이로 돈을 쓰는 사람들과 대조가 된다. 그렇게 함부로 돈을 쓰는 사람은 부자가 될 확률이 거의 없다. 설사 운 좋게 부자가 되었다 해도 오래가지 못하고 결국엔 파탄에 빠질 것이다.

자신의 돈을 아끼는 사람이
남의 돈도 아낀다

샘 월튼은 창고형 할인매장이라는 새로운 개념을 통해 소비자들의 지출을 줄여주었다. 그것은 그 자신이 근검절약하는 사람이었기에 가능한 일이었을 것이다. 샘 월튼은 이렇게 말했다. "나는 어렸을 때부터 1달러를 벌어들이는 것이 얼마나 힘든지를 알았다. 그리고 직접 번 1달러가 얼마나 가치 있는 것인지도 알았다. 부모님과 의견이 일치되는 부분이 하나 있었는데 그것은 바로 한 푼도 절대 함부로 쓰지 말아야 한다는 생각이었다."

샘은 근검절약하는 생활로 아주 유명하다. 수억 달러의 재산을 가진 부자였음에도 그는 낡은 트럭을 타고 다녔다. 늘 월마트의 상표가 새겨진 야구 모자를 쓰고 다니면서 시골길 모퉁이에 있는 작은 이발소에서 이발을 했다. 자신의 할인마트에서 값싼 일용품을 구매했다. 회사 일로 출장을 갈 때는 가능한 다른 사람과 같은 방을 쓰고 중간급 호텔을 이용했다. 외식은 홈스타일의 작은 레스토랑에서 했다.

사람들은 이런 샘 월튼을 이해하지 못했다. 억만장자인 그가 왜 낡은 트럭을 타고 다니는지, 왜 월마트에서 옷을 사는지, 왜 이코노미클래스를 타고 여행하는지 사람들은 의문을 풀지 못했다.

이는 샘의 성장 과정에서 그 원인을 찾을 수 있다.

미국 중서부에 있는 작은 시골 농촌 가정에서 태어난 샘 월튼은 대공황 시절에 성장기를 보냈다. 이러한 성장 배경은 그에게 열심히 일하고 근검절약하는 생활방식을 길러줬다.

"우리는 다 이렇게 자랐다. 길 위에 떨어진 1펜스를 줍는 사람이 몇이나 될까? 나도 줍겠지만 샘도 분명 주울 것이다." 월마트의 한 매니저가 한 말이다.

샘은 어린 시절부터 돈 한 푼의 가치를 깨달았기 때문에 월마트가 벌어들인 한 푼 한 푼에 피땀이 서려 있다는 것을 너무나도 잘 알고 있었다. 그래서 그는 늘 검소하고 소박한 생활을 했으며 보통 평균수입 정도의 가정과 별반 다를 바 없는 생활을 했다. 그는 자신의 자손들이 열심히 일해서 혼자 힘으로 학교에 진학하기를 바란다고 말했다. 만약 그들이 사치스러운 생활을 하면서 열심히 일하지 않으면 무덤 속에서라도 뛰쳐나와 그들에게 셈을 할 것이라고 했다. 그러니 지금부터라도 사치스러운 생활은 꿈꾸지 않는 게 가장 좋을 것이라고 경고했다.

아주 오래전부터 샘의 근검절약하는 자세는 유명했다. 한번은 직원 한 명이 샘을 대신해서 차를 렌트했다. 그런데 샘이 금방 차를 돌려주라고 했다. 이유는 간단했다. 샘은 오로지 소형차만을 렌트하기 때문이었다. 그 직원은 다시 한 번 샘을 이해하게 되었다. 그는 부하직원보다 더 좋은 물건을 사용하지 않았다. 직원보다 더 좋은 호텔에서 묵지도 않았고 더 비싼 식사도 하지 않았으며 비싼 차를 몰지도 않았다.

그는 비행기를 탈 때 늘 이코노미클래스를 이용했다. 한번은 남미로 출장을 가는데 직원이 퍼스트클래스를 구입했다. 샘은 몹시 화를 냈지만 마지막 남은 좌석이었기 때문에 하는 수 없이 그대로 이용할 수밖에 없었다. 그의 비서는 말했다. "그때 처음이자 마지막으로 퍼스트클래스를 이용했다."

샘은 자서전에서 "내가 세계적으로 유명해지고 사업을 준비하고 있을 때 나는 벌써부터 1달러의 가치에 대해 강렬하고 뿌리 깊은 애정을 가지고 있었다"라고 밝혔다.

이것이 바로 샘이 1달러도 헛되이 낭비하지 않는 숨겨진 뜻이다.

샘은 경영에 있어서도 근검절약을 강조했다. 그는 근검절약으로 만들어낸 최저가격이 소비자에게 최대의 이익을 가져다줄 것이라고 굳게 믿었다. 그는 작은 잡화점을 할 때부터 늘 대중적인 저가소매 경영방식을 고수했으며 이것은 일상 관리를 통해 한 푼까지도 절약하는 생활습관에서 비롯된 것이다. 예를 들어 매장 내부나 외부를 치장하는 데는 돈을 거의 쓰지 않았고 광고도 하지 않았으며 공급업체에는 엄청나게 가격을 깎았다. 회사가 얼마나 낮은 가격으로 물건을 구입했든 간에 이윤을 30% 이상 붙이지 않았다. 경쟁업체 제품보다 훨씬 낮은 가격이라 할지라도 이윤을 더 남기지 않고 그대로 고객에게 줬다. 또한 모든 제품을 최저가격에 공급하겠다는 약속을 절대 어기지 않았다.

많은 사람들이 샘을 좋아한다. 월마트를 성공적으로 이끈 것에 대한 존경심에서 우러나온 것이다. 그러나 많은 사람들이 샘 월튼이라는 자연인으로서 그를 좋아했다. 그는 성공한 부자의 모습 외에도 평생을 근면하게 일했으며, 겸손하고 신중하고 소박했으며, 감동적인 열정과 신념을 가지고 있었으며, 희생정신을 가지고 있었다. 보통의 미국 사람들에게 샘은 서민을 위한 소매업을 개척해서 그들에게 실용적이고 값싼 제품을 풍부하게 공급해주었을 뿐만 아니라 생활의 행복을 더해주는 미소와 편안함까지도 함께 선물했다.

샘은 결코 돈을 좇지 않았다. 그는 모든 재산을 월마트에 투자했고 다른 사업은 벌이지 않았다. 이를 통해서 그가 자신의 사업을 얼마나 소중하게 여겼는지 알 수 있다. 그의 눈에 수백억 달러에 이르는 그의 재산은 난시 숫자에 불과했다. 왜냐하면 월마트의 주가가 올라가야 늘어났기 때문이다. 그는 부족하지 않은 일용품과 그럭저럭 괜찮은 집이 있으면 충분했고, 가끔 사냥과 테니스를 즐길 수 있는 것으로 만족했다.

1초를 잡아라

독한 사람들은 시간도 철저히 아낀다. 그들은 시간관리의 달인이며, 시간을 돈으로 환산하는 데 익숙하다.

프랭클린은 특별한 시간계산법을 가지고 있었다. 그는 이렇게 말했다. "만약 한 사람이 하루에 10실링을 벌 수 있다고 가정하자. 반나절을 놀거나 소파에 드러누워서 시간을 죽이고 나서 그는 6펜스를 썼다고만 생각할 것이다. 사실은 그렇지 않다. 그는 그 시간에 벌어야 할 5실링도 잃어버린 것이다. 돈이 돈을 번다. 그리고 돈이 번 돈은 또 더 많은 돈을 벌어들일 것이다. 만약 누군가 5실링을 버렸다면 그것이 생산해낼 수 있는 다른 모든 것들도 버린 것이다. 다시 말해 돈이 묻힌 산을 버린 것이나 마찬가지다."

스프링 제조업체 삼원정공은 대기업들의 벤치마킹 대상이 된 중소기업이다. 그 이유는 이 회사의 지독한 '초관리운동' 때문이다. 그들은 모든 시간을 돈으로 환산하는데 초당 인건비까지 계산하는 지독함을 보인다. 초관리운동의 예를 들어보면, 보고서를 한 장 작성하는 데 30분이 걸렸다면 이는 하루 근무시간 1/16에 해당하는 것이다. 그런데 만약 그 사원이 자기 자신의 초당 원가가 2원임을 인식한다면 2원 × 1800초 = 3600원이 보고서의 원가임을 파악할 수 있다. 보고서를 작성하는 시간을 5분 단축하였다면 그전에는 그저 작성시간을 1/6 줄였다는 느낌밖에 받지 못하는데 이 개념을 도입하면 600원을 절감한 것임을 명확히 알게 된다. 이것은 사무에만 해당하는 것이 아니다. 커피를 마시거나 담배를 피우는 것도 마찬가지로 원가를 환산할 수 있다. 그래서 회사 휴게실 자판기 앞에는 "당신이 커피를 마시는 동안 ○○원의 비용을 쓰고 있습니다"는 글귀가 붙어 있는 것이다. 그렇지만 이 혹독해 보이는 초관리운동이 직원을 억압하지는 않는다. 수익성 향상에 대한 보너스를 지급함으로써 이익을 공유하며, 근무시간의 집중도를 높여 더 많은 휴가를 주기 때문이다. 독함이 공헌으로, 착함으로 전환되는 좋은 사례이다.

미국 MIT에서 3000명의 경영자들을 대상으로 조사를 했다. 그 과정에서 실적이 우수한 경영자들은 시간관리를 잘한다는 사실이

밝혀졌다.

피터 드러크는 이렇게 말했다. "당신의 시간을 인식하라. 이 일은 모든 사람이 마음만 있으면 할 수 있는 일이다. 성공의 길로 들어서는 아주 효과적인 자유의 길이다."

지출을 줄이는 것이 소득을 높이는 것이다

많은 경영자들은 비용절감의 중요성을 몸으로 느낀다. 매출을 늘린다고 해서 그만큼의 이익이 발생하지는 않는다. 여기에 투입되는 비용이 있기 때문이다. 반면 비용이 줄면 반드시 그만큼 이익이 늘어난다. 반대의 경우도 마찬가지다. 비용이 늘면 그만큼의 이익이 준다.

포드자동차 사장이었던 리 아이아코카는 그의 자서전에서 "돈을 많이 버는 방법은 단 두 가지다. 많이 팔든가 관리비를 절감하든가!"라고 말했다. 그는 포드자동차 사장으로 취임하면서 "원가절감과 판매가격 인하는 경쟁력과 경영효율을 높이는 관건이다"라고 말했다. 리 아이아코카는 포드와 크라이슬러 두 회사 모두에서 원가절감을 매우 강조했다. 지출을 줄이는 것 또한 그가 성공적인 경영자가 될 수 있었던 비결이었다.

아이아코카가 포드자동차의 사장으로 취임 후 첫 번째로 한 일은 수석 경영회의를 소집해서 원가절감 계획을 결정하는 것이었다. 그는 '4개의 5000만'과 '손해 안 보기'라는 계획을 제안했다. '4개의 5000만'은 '시기 포착, 생산 혼란 감소, 설계 원가 절감, 구식 경영 스타일 개혁'이라는 네 가지 행동을 통해 각각 5000만 달러의 관리비를 절감하자는 것이었다.

3년 후 아이아코카는 '4개의 5000만'의 목표를 실현했다. 회사 이윤은 2억 달러가 늘어났고, 차 한 대를 더 팔지 않아도 되는 상황에서도 이윤은 40%가 늘어났다.

우리의 삶도 마찬가지다. 일상생활에서도 줄인 지출만큼 수입이 느는 효과가 있다. 아끼는 것은 소극적으로 돈을 보호하는 의미 이상이 있다. 그것은 돈을 버는 적극적인 활동이다.

돈을 독하게 쓸 줄 알아야 한다

절약에 관한 이야기를 주로 했지만, 무조건 아낀다고 능사는 아니다. 쓸 데는 써야 한다. 그렇지만 돈을 쓰는 데는 명확한 기준이 있어야 하고 이것을 잘 지켜야 한다. 말하자면 돈을 쓸 때에도 독해야 한다는 것이다.

투자는 하되 낭비는 하지 않아야 한다. 자신을 포장하는 데는 돈을 아껴야 하고 자신을 계발하는 데는 돈을 써야 한다. 허세를 떠는 데는 돈을 줄이고 대신 사람을 얻는 데 돈을 써야 한다. 소모는 하지 않되 공헌을 위해서는 돈을 써야 한다.

워렌 버핏은 투자의 비밀을 간파한 사람이었다. 특히 그는 다른 사람들보다 돈의 미래가치에 대해 잘 알고 있었다. 그래서 힘겹게 번 한 푼 한 푼을 소중히 여겼다. 예를 들어 버핏은 500달러에 살수 있는 텔레비전을 보면서 눈앞에 보이는 500달러가 아니라 10년후 500달러의 미래가치를 보았다. 그래서 그는 텔레비전을 사는대신 그 돈으로 투자를 했다. 이러한 생각으로 인해 그는 필요 없는 물건을 함부로 사지 않았고 그 금액으로 미래의 부를 창출했다.

자린고비는 구두쇠의 상징이다. 그는 신발이 닳을까봐 신발을 들고 다니고, 조기를 천장에 매달아놓고 밥 한 숟갈 먹을 때마다 한 번씩 그것을 쳐다보는 것으로 반찬을 대신한 이야기로 많이 알려져있다. 자린고비 이야기는 지금의 충북 음성 지역에 살았던 조륵이라는 실제 인물의 생활이 설화 형식으로 와전되어 생긴 것이라 한다. 실제로 조륵은 설화에 나타난 것처럼 지독하게 근검절약하여많은 돈을 모았다. 그런데 그의 이야기는 여기서 끝나지 않는다.

그는 자신의 부를 바탕으로 다른 사람들을 적극적으로 돕는 자선가였다. 특히 영조 때 영호남 지역에 큰 흉년이 들자 재산을 털어 이를 구휼했다고 한다. 이때 도움을 받은 사람들이 그 고마움을 표현하고자 비석을 세워주었는데 이 비석의 이름이 '자인고비(慈仁考碑: 자애롭고 인자한 아버지를 기리는 비석)'이다. 이 자인고비를 '자린고비'로 발음해서 조륵의 별명이 자린고비가 되었다는 추측도 있다.

구두쇠를 상징하는 이름이 실은 인자한 자선가를 뜻하는 데서유래되었다고 생각하면 참으로 역설적이다. 자린고비 조륵은 돈을 아끼고 모으는 데도 독했지만, 쓰는 데도 독했다. 독하게 모아서 공헌이라는 진정으로 가치 있는 일에 아낌없이 내놓은 조록은 멋있게 독한 사람이다.

호주 프란시스코 수도회의 한 젊은 수도사는 빈민의 성녀라 불리는 마더 데레사가 호주를 방문했을 때 그녀의 가까이에서 가르침을 받을 수 있는 기회를 원했다. 데레사가 인도 뉴기니로 돌아갈 때 그는 자신이 여비를 부담할 테니 옆자리에 앉아 대화하며 배울 기회를 달라고 요청했다. 데레사는 이렇게 답했다고 한다. "뉴기니로 갈 항공료를 낼 만한 돈을 가졌나요? 그렇다면 그 돈을 가난한 이들에게 주세요. 내가 말해줄 수 있는 것보다 더 많은 것을 그들로부터 배우게 될 겁니다."

데레사 수녀는 우리가 돈을 쓰는 최고의 방법을 우리에게 가르쳐주었다. 그것은 주는 것이다. 나의 한때 좌우명은 "Give & Wait"였다. '먼저 주자, 아낌없이 주자, 주고 잊자' 는 뜻을 갖고 있다. 그런데 언젠가 모 교수님께서 덕담을 하시다가 좌우명을 "Continuos Giving"으로 바꾸는 것이 어떻겠느냐고 조언하셨다. 끝없이 주는 이 깊은 경지에 들어갈 자신이 없어 잠시 머뭇거렸지만, 정말 독하도록 아름다운 정신이라 생각하며 이런 삶을 향해 도전해볼 생각이다.

지금 나의 좌우명은 "먼저 아낌없이 주라"이다.

CHAPTER **9**

사람을 얻는 데 독해져라

사람을 얻는 데 독해져라

선량한 독함을 추구한다면 사람을 얻는 일에 성실하고 철저해야 한다. 우리의 독함의 목적이 결국 사람에게 공헌하는 것이 아니었는가? 인간관계에서 독하다 싶을 정도의 성실성과 헌신을 이룰 수 있다면 이는 다른 모든 것을 다 얻는 것과 마찬가지다.

청 건륭 시기 남창성(南昌城)에는 간단한 요기거리를 파는 이사경(李沙庚)이라는 사람이 있었다. 그는 정성을 다해 제대로 만든 음식을 싼값에 팔았고 장사는 매우 잘됐다. 그러나 그는 독하지 못했다. 자신에게 철저하지 못했고, 원칙과 일관성을 잃었고, 유혹에 흔들렸다. 무엇보다 사람을 얻는 데 철저하지 못했다. 조금씩 돈을 벌게 되면서 나쁜 재료를 쓰기도 하고, 손님들을 예전의 열정으로 대하지 않았다. 그러자 장사는 점점 쇠하기 시작했다.

어느 날 유명한 서화가 정판교(鄭板橋)가 이사경의 식당으로 와서 식사를 했다. 정판교를 보고 신이 난 이사경은 식당 이름을 써 달라고 간청했다. 정판교는 유려하고 힘이 넘치는 필치로 '이사경 점심점(李沙庚點心店)'이라는 여섯 글자를 써 내려갔다. 글을 쓰는 동안에 수많은 구경꾼들이 모여들었지만 밥을 먹으러 들어오는 손님은 한 명도 없었다.

그런데 정판교가 이사경에게 건네준 글 중 '마음 심' 자에 점 하나가 빠져 있었다. 이사경은 점 하나를 더 찍어달라고 부탁했다. 뜻밖에 정판교는 아무렇지도 않은 듯 말했다.

"틀림이 없네. 예전에는 자네 마음이 온전해서 손님들이 문전성시를 이루었는데, 요즘은 그 점 하나가 모자라서 이리 장사가 안 되는 것 아닌가?"

그제야 이사경은 사람을 얻는 것이 얼마나 중요한가를 깨닫게 되었다. 그때부터 그는 지난날의 잘못을 뼈아프게 깨닫고 다시 한 번 인심을 얻기 위해 노력했고, 식당을 기사회생시켰다.

메리케이는 34개국에 화장품을 유통하는 다국적 회사이다. 이 회사의 창업자 메리 케이 애시의 경영철학은 인간존중이었다. 그는 자신의 직원들에게 최선을 다했다. 그녀가 업무 때문에 워싱턴 DC에 머물고 있을 때의 일이다. 그녀는 대통령의 비서로부터 백

악관 만찬에 초대를 받았다. 인생에 몇 번 오지 않는 소중한 기회였다. 그렇지만 그녀에게는 그 시간에 신입사원들과의 만남이 약속되어 있었다. 애시는 선약을 이유로 대통령을 만날 기회를 포기했다. 추호의 망설임도 없었다. 그녀에게는 대통령보다도 자신이 함께해야 할 직원들이 더 소중했기 때문이다.

멀리, 높이 볼 필요는 없다. 우리는 주변에서 더없이 존엄하고 가치 있는 사람들에게 둘러싸여 있다.

혹시 이 사람들을 소홀히 대하지 않는가? 이들에게 최선을 다하자. 이를 위해 희생을 감수하고, 최선을 다하는 독한 사람이 되자.

우리는 돈에 흔들리고 지조가 없는 나약한 시대를 살고 있다. 이런 때일수록 사람이 최상의 가치임을 인식하고 진실하게 온 마음을 다하는 진정으로 독한 사람이 되어야 할 것이다.

독하게 참아라

　사람을 얻고, 좋은 인간관계를 유지하기 위해서는 독하게 참아
야 한다. 공격적으로 치달을 수 있는 자신의 감정을 통제해야 하
며, 말을 절제해야 한다. 앞서 이야기한 재키 로빈슨의 사례에서
보듯 그가 다른 사람의 적대감에 맞서 자신의 분노를 억누르지 못
하고 표출했다면, 그는 야구에서 성공하지도 못했을 것이고, 좋은
동료와 팬들을 얻지 못했을 것이다. 분노에 합당한 이유가 있더라
도 공격성을 억누르며 평온하게 자신의 길을 묵묵히 가는 것이 진
정한 강함이다.

　링컨 대통령이 사람을 얻는 방식은 참는 것이었다. 링컨은, 그가
변호사를 하던 시절부터 '고릴라' 운운했고, "링컨이 대통령이 된

것은 국가적인 재난"이라며 모욕적 언사를 서슴지 않았던 상대당 소속의 스탠턴을 국방부 장관에 임명했다. 스탠턴은 남북전쟁을 승리로 이끌었고, 링컨의 가장 절친한 친구요 유능한 참모가 되었으며 후일 링컨을 "완전하게 인간을 다스렸던 사람"으로 평가했다.

링컨은 남북전쟁을 승리로 이끌기 위해 율리시스 그랜트를 북군 총사령관으로 임명했다. 그랜트는 용맹한 지휘관이었지만 술을 너무 좋아했다. 알코올 문제로 불명예 퇴역한 장군을 링컨이 최고 지휘관에 임명한 것이다. 링컨은 그랜트를 비난하지 않았으며 신뢰했다. 그는 "그랜트 장군이 좋아하는 술이 무엇인지 알면 다른 장군들에게도 한 통씩 보내줄 텐데"라고 말했다고 한다.

좋은 인간관계를 막는 많은 장벽들이 있다. 그중 상당수가 우리의 마음속에서 비롯된 것이다. 공격성, 분노, 서운함, 상대방을 압도하려는 마음, 자신이 옳다는 생각, 논쟁에서 이기려는 욕심 등이 그것이다. 사람을 굴복시켜서 압도한다는 생각은 위험하다. 인간관계는 이기고 지는 게임이 아니다. 이는 정글의 논리다. 서로 존중하며 관계를 맺는 것이 목적이 되어야 한다. 다른 사람들의 비난과 부당함에 똑같이 맞서는 것은 옳지 않다. 인내하며 자신의 길을 가면 된다. 적을 없애는 가장 좋은 방법은 적을 죽이는 것이 아니라 친구로 만드는 것이다. 링컨이 사용했던 이 지독한 방법으로 최고의 인간관계를 만들 수 있을 것이다.

철저하게 신용을 지켜라

불확실성이 높은 세상이다. 그만큼 약속을 지키기도 힘들어졌다. 그러나 독한 사람들은 철두철미하게 신용을 지킨다. 신용이야말로 인간관계를 굳건하게 만드는 가교의 역할을 한다.

대만의 플라스틱 제왕 왕영경(王永慶)은 신용의 화신이다. 그는 사업 확장을 위해 증자를 하면서, 증자된 주식을 주당 NTD 250달러의 가격으로 매도하겠다고 약속했다. 그러나 석유위기라는 변수가 생겨서 주가가 떨어졌고, 주주들은 약속 가격과 시중 주가 사이의 차액을 배상하라고 요구했다. 리스크가 있는 주식시장의 특성상 그들의 요구가 합리적이지는 않았다. 그러나 왕영경은 6월 30일 이전에 주가가 NTD 244달러를 넘지 않으면 그날의 종가를 기준으로 손실액을 보상해주겠다고 약속했다.

그런데 6월 30일 주가는 NTD 207달러로 마감됐다. 왕영경은 약속을 지키기로 결정하고 주주들에게 주당 NTD 43달러를 돌려주었다. 이때 대소는 총 NTD 4000만 달러 이상의 손실을 입었으며, 주식시장 개장 이래 미증유의 선례를 남겼다.

어떤 사람들은 왕영경이 멍청하게 돈을 버렸다고 비웃기도 했다. 구두약속은 법적 구속력이 있는 계약이 아니기 때문에 소송을 건다고 해도 왕영경이 승소하여 그 돈을 돌려주지 않아도 되기 때문이었다. 그러나 왕영경은 이렇게 말했다. "사업이라는 것은 눈앞의 이익만 지켜보는 것이 아니라 좀 더 멀리 내다보아야 한다. 우리는 비록 4000만 달러를 잃었지만 그 덕분에 천금을 줘도 사기 힘든 신용을 얻었다." 그리고 그 4000만 달러의 손실은 나중에 큰 몫을 했다. 1980년대 대소가 전자산업에 진출할 때 불안과 우려의 목소리가 높은 와중에도 주주들은 왕영경의 배당약속을 굳게 믿고 투자를 결심했다.

왕영경은 주주들뿐만 아니라 사회와 직원들에게도 신용을 성실하게 지켰다. 신용을 소중히 여기는 왕영경은 대만 내에서뿐만 아니라 외국에서도 그 명성이 자자했다. 한 외국 은행의 고위간부는 "왕영경의 서명 자체가 바로 신용의 보증서다. 무기한으로 장기대출을 해줄 수 있다"라고 말했다. 왕영경이 영국의 그린들래이즈,

아메리칸 익스프레스, 뱅커스 트러스트로부터 1500만 달러의 거액 대출을 받을 때 은행 측의 조건은 담보나 보증이 아니라 왕영경의 친필서명이었다. 왕영경의 서명만으로도 대출 회수 문제는 걱정할 필요가 없다고 생각했기 때문이다.

이처럼 신용은 공허한 개념이 아닌 실질적인 자본이자 자산이요 경쟁력이다. 1990년대에 많은 중국인들이 러시아로 건너가 적지 않은 돈을 벌어들였다. 그러나 훗날 장사하기가 힘들어졌다. 러시아 가게들이 '중국 물건 없음'이라는 팻말을 내걸었기 때문이다. 중국 상인들은 신용을 지키지 않아 거대한 시장을 잃어버렸다. 이와 같은 실패의 경험을 통해 중국인들은 신용을 지키면 사사로운 이익을 얻지 못하는 대신 사람을 얻을 수 있다는 불변의 진리를 새삼스럽게 깨닫고 있다.

약속을 지키지 않는 것은 쉽다. 사사로운 이익을 얻을 수도 있다. 그러나 사람은 얻을 수 없다. 오늘의 '사람'은 곧 내일의 '전부'이다. 눈앞의 이익을 원한다면 신용을 저버려야 할 것이고 진정으로 빛나는 내일을 원한다면 마땅히 신용을 지켜야 할 것이다. 독한 사람들은 지키지 못할 약속을 결코 하지 않는다. 어물쩍 위기를 모면하기 위해 기만을 일삼지 않는다. 그리고 일단 약속을 하면 아무리 힘들더라도, 손해가 있더라도 반드시 그것을 지킨다. 신용을 지키는 사람들은 자신과의 약속도 지킨다. 그래서 독하고 멋있다.

적게 말하고 많이 듣는다

언어를 자제하는 데도 독함이 필요하다. 인내심과 절제력, 자기 관리 능력이 필요하다. 따라서 훈련을 거쳐야 한다. 그들은 비난의 말이나 부정적인 언어에 대해서는 철저하게 자물쇠를 채운다.

부정적인 말을 내뱉는 순간 우리는 꿈 도둑놈이 된다. 듣는 사람의 꿈과 미래를 앗아가는 것이다. 충고라는 포장 하에 우리는 얼마나 많은 언어폭력을 행사하는가? 다른 사람을 격려하고 용기를 주는 긍정적인 말, 칭찬하는 말을 해야 한다. 훈련이 되지 않아 언어를 통제할 수 없다면 언어가 성숙할 때까지 그냥 침묵하는 것이 좋다.

적게 말하는 대신 많이 듣는 것이 독한 사람들의 언어습관이다.

경청은 쉽지 않다. 결심을 해도 잘되지 않는다. 상대로부터 이야기를 끌어내는 일도 어렵고, 오랫동안 나의 관심과 흥미를 벗어난 이야기를 듣고 있자면 인내심이 필요하다. 눈동자를 빛내며 상대방의 이야기에 몰입되어 간혹 고개를 끄덕이고, 간혹 질문을 하는 사람들을 보면 정말 내공이 깊은 사람이다 싶어 존경심이 생긴다. 이들은 상대방을 깊이 배려하고 존중할 줄 알며 인간을 대하는 진지한 자세가 갖추어져 있다.

경청을 잘하는 사람이 되고 싶다면 상대방에 대한 진지한 관심을 가져야 한다. 그의 인격을 존중하고, 그에 대해 알고 싶어 해야 한다. 그리고 자신이 무엇인가를 배우고 있는 중이라고 생각하면 경청의 시간을 학습의 시간으로 활용할 수 있다.

우리는 때때로 너무나 나약하다. 사람들이 자신의 아픔을 이해해주기만을, 내가 얼마나 힘든지 들어주기만을 바라곤 한다. 타인의 이야기를 잘 듣고 아픔을 이해하고 공감하고 감싸주는 것은 정말 가치 있는 일이다. 공감적 경청은 사람을 살리는 힘이 있다. 그냥 듣는 것만으로도 충분하다.

부정적 인간관계에 단호하게 대처하라

중국에는 "삼결(三缺)이면 부자가 된다"라는 말이 있다. 여기서 말하는 세 가지 부족함이란 의리, 인정, 인간관계다. 어처구니없는 황당한 말이다. 그러나 곰곰이 생각해보니 각각의 항목 앞에 수식어가 붙으면 그 말이 타당한 것 같다. 사악하거나 불합리한 의리, 무분별한 인정, 부정적 인간관계는 부족한 것이 오히려 낫겠다.

우리는 그것이 다소 힘들다 하더라도 사람을 사랑하고, 인내하며, 포용하고, 배려해야 한다. 지금까지 그 이야기를 해왔다. 그렇지만 이 원칙을 잘 지키기 위해서는 구체적인 상황에 따른 효과적인 대응 태도가 있어야 한다. 때로는 우리에게 단호함이 필요하다. 상대가 냉혹하게 느끼더라도 옳지 못한 것을 끊어내는 독함이 있어야 한다.

집단의 잘못된 결정을 따르는 것은 의리 있는 행동도 아니고 바람직한 인간관계를 형성하지도 못한다. 남아프리카에 서식하는 스프링 벅이라는 산양은 큰 떼를 이루면 대열을 이루어 달리기 시작한다. 그 속도는 점점 빨라지고 어디로 가는지 지향점도 없이 전속력으로 질주한다. 그러다 사막을 건너 바다에 이르고 결국 바다에 빠져 죽게 된다.

우리의 사고방식에는 집단의 결정과 의지에 순응하는 것이 바람직하다는 생각이 깔려 있다. 누군가는 경고하고 바로잡는 독한 사람이 되어야 잘못된 길로 가는 집단이 화를 피할 수 있다.

독일의 신학자 본회퍼는 미국에서의 교수생활이라는 안전한 길을 버리고, 나치 하의 조국 독일로 돌아와 저항운동을 펼쳤다. 본회퍼는 나치의 집단최면에 걸려 있는 대중을 향해 외쳤다. 운전기사가 난폭운전을 하고 있다면 그 사람을 차에서 끌어내려야 한다고 주장했다. 본회퍼는 히틀러 암살을 준비했고, 결국 체포되어 사형을 당했다.

무조건적으로 상대의 요구를 수용하는 무분별한 인정 역시 인간관계의 바람직한 태도가 아니다. 당장 서운해 하더라도 상대방에게 실질적인 기여가 되는 방향으로 그를 이끌어야 한다. 잘못된 인정은 자신과 상대방을 동시에 무너뜨릴 수 있다.

부정적인 인간관계 역시 청산해야 한다. 달에 유인 우주선을 발사하는 계획을 발표한 케네디는 그것이 불가능하다고 말하는 과학자들에게 불가능한 이유를 구체적으로 제출하라고 했다. 그리고 그것을 가능성을 믿는 과학자들에게 주어 그 부분을 철저히 보완하도록 했고, 부정적 견해를 피력하는 과학자들을 더 이상 만나지 않았다. 부정은 전염된다. 부정적인 영향을 끼쳐서도, 받아서도 안 된다. 부정적인 사람들을 긍정적으로 바꿀 수 없다면 목표를 성취하는 동안만이라도 이들을 멀리해야 한다.

우리는 인간관계에서 단호하고 독한 결단력을 요구받을 때가 있다. 이때 분별력을 가지고, 과감하게 실천해야 한다. 2000여 년 전 로마 대군이 예루살렘을 포위하고 이스라엘의 자멸을 기다리고 있을 때였다. 당시 이스라엘 지도자는 유태교 랍비 벤 사카이였는데 그는 굴욕을 감내해서라도 이스라엘의 미래를 설계해야 한다고 생각했다. 그러나 비굴한 항복 대신 명예로운 죽음을 감당하자는 전멸을 주장하는 과격파들의 뜻을 꺾지 못했다. 과격파들은 굶주림을 견디다 못해 밖으로 도주하는 사람들을 잡아 잔인하게 공개처형하기도 했다. 사카이는 미래의 유태인을 위해 결단을 내렸다. 그에게는 패배자의 낙인도, 배신자라는 비난도 중요하지 않았다. 그는 자신이 죽었다는 거짓소문을 내고 관 속의 시체를 가장하고 성 밖으로 빠져나가 로마군 사령관을 만나 담판을 지었다. 그의 요구는 간단했다. 인구도 적고 산업도 보잘것없지만 토라를 가르치는 학교와 학자들이 집중해 있는 소도시 야브네만은 파괴하지 말라는 것이었다. 로마군 사령관은 그의 요구를 수용했다. 그 결과 로마제국은 사라졌지만 이스라엘은 그 정신과 문화를 보존하여 지금까지 살아남을 수 있었다.

함께 성공하고 진정한 공헌을 하기 위해서는 때로는 상대의 요구와 의견에 거절할 수 있어야 한다. 심하다면 인간관계의 일시적 또는 장기적 단절까지 감수해야 한다. 그런 독한 결단력이 진정으로 가치 있는 인간관계를 형성한다.

거절의 기술

　나에게는 착한 친구가 하나 있다. 이 친구는 마음이 약해서 다른 사람의 부탁을 절대 거절하지 못한다. 그는 총각시절에 정수기를 하나 산 일이 있다. 어떤 선배로부터 구입을 부탁받은 것이다. 그는 그 당시에 하숙생이었기 때문에 정수기가 필요 없을뿐더러 그것을 들여놓을 장소조차 없었다.

　그래서 그는 선배가 정수기를 팔면 받게 되는 수당만큼 자신이 현금으로 주면 어떻겠냐고 제안했다. 그런데 그 선배는 할당된 수의 정수기를 팔아야 정직원이 될 수 있다며, 자신에게는 돈보다는 한 대라도 더 파는 것이 급하다고 강하게 요청했다.

　이 착한 친구는 그 선배가 전형적인 취업사기에 걸려들었다는 사실을 알아차렸지만, 거절하지 못했다. 정수기를 샀고 하숙집 주인아줌마에게 선물했다.

착한 친구는 할부금을 갚느라 몇 개월을 용돈을 아껴가며 고생했지만, 그 선배는 그토록 원하던 정수기회사의 정직원이 되지는 못했다. 그 대신 다른 독한 친구가 추천한 회사에 취업을 했다. 정수기를 팔러 온 선배를 향해 이 독한 친구는 정신 차리라며 매정하게 거절을 했다. 그리고 지금 당장은 일도 힘들고 보수도 낮지만 장래성이 있는 회사에 그 선배를 추천했다. 거절을 당하고, 자신이 원하던 것보다 조건이 나쁜 일자리를 소개받은 그 선배는 낙담해서 돌아갔다. 독한 친구도 그 쓸쓸한 뒷모습을 보며 마음이 흔들렸다고 한다. 그렇지만 독한 친구는 무엇이 그 선배에게 진정으로 필요한지를 알았고, 그대로 실천했다.

모진 놈이라는 비난은 순간적이다. 누가 제대로 된 행동을 했는지는 나중에 밝혀진다. 나중에 어렵게 마음을 바꾼 선배는 독한 친구가 소개한 회사에 취업했고, 세월이 흘러 그 선배도, 회사도 함께 많은 성장을 했다.

거절하지 못하는 그 착한 친구는 지금도 여전히 그렇게 살고 있다. 그 후로도 그는 각각 다른 사람들로부터 두 대의 정수기를 더 샀고, 자신의 재무계획과 관련이 없는 10개의 보험에 가입했다. 받을 길이 없는 것을 뻔히 알면서도 큰돈을 빌려주었다가 떼인 일도 있고, 잘 알아보지 않고 친구에게 보증을 서주었는데 그 친구가 갑자기 잠적하는 바람에 낭패를 겪기도 했다.

정말 안타깝다. 그런데 그는 진짜 착한 사람일까? 그에게 영업을 성공한 사람들은 진정으로 도움을 받았을까?

거절은 정말 힘든 일이다. 굳이 야박하게 많은 거절을 할 필요도 없다. 그렇지만 거절해야 할 때는 단호히 거절할 수 있는 독함이 필요하다. 나와 상대방에게 아무런 도움이 되지 않거나 심지어 파괴할 수 있는 일은 당장 마음이 아프더라도 거절해야 한다. 그리고 상대방이 당장 그것을 원하지 않더라도 그에게 실제로 도움이 되는 것을 주어야 한다.

불의한 요구에는 거절해야 한다. 인간관계가 아무리 중요해도 함께 도둑질을 할 수는 없다. 불합리한 청탁도 거절해야 한다. 달콤한 유혹도 그것이 옳지 않다면 뿌리쳐야 한다. 자신이나 자신의 가족, 자신의 조직을 위험에 빠뜨릴 수 있는 부탁도 거절해야 한다.

거절해야 할 때 거절하지 못하면, 절대 거절하지 말아야 할 때 거절할 수밖에 없는 비참한 상황에 빠진다. 멀리 내다보고, 원칙을 지키며, 관계의 깊이를 헤아리고, 본질을 보자. 그래서 당당히 "No!"라고 말할 수 있는 독한 사람이 되자.

자녀를 독하게 키우기

독해서 착한 사람들은 자신만 독할 뿐 아니라, 독한 자녀를 길러낸다. 그리고 독하게 교육한다. 왜 독한 교육이 필요한지에 대해 미국 텍사스 주의 휴스턴 경찰국이 발표한 '자녀를 망치는 7가지 비결'이라는 글을 참고로 하면 좋겠다.

① 아이가 갖고 싶어 하는 것은 무엇이든 다 주라. 그러면 아이는 세상의 모든 것이 다 자기의 것이 될 수 있다고 오해하면서 자랄 것이다.

② 아이가 나쁜 말을 쓸 때면 웃어넘기라. 그러면 자기가 재치 있는 줄 알고 더욱 나쁜 말과 나쁜 생각을 할 것이다.

③ 그 어떤 교훈과 교육 훈련도 시키지 말라. 커가는 과정 속에서 스스로 알아 잘할 것이라고 믿으라.

④ 아이가 어질러놓은 침대, 옷, 신발 등을 모두 정돈해주라. 자기의 책임을 다른 사람에게 전가해버리는 사람이 될 것이다.

⑤ TV나 비디오를 마음대로 볼 수 있게 해주라. 머지않아 그 아이의 마음은 쓰레기통이 될 것이다.

⑥ 아이들 앞에서 부부나 가족들이 싸우는 모습을 자주 보여라. 그러면 이 다음에 가정이 깨져도 눈 하나 깜짝 안 할 것이다.

⑦ 먹고 싶다는 것은 다 먹이고, 마시고 싶다는 것도 다 마시게 하고, 좋다는 것은 다 해주라. 어떤 거절이라도 한 번 당하면 곧 낭패에 빠지는 사람이 되리라.

자녀를 훌륭한 사람으로 키우고 싶다면 독한 교육을 해야 한다. 원하는 모든 것을 무조건 수용하는 것은 관대함도 아니고, 사랑도 아니다. 베푸는 것이 사랑이라지만, 베푸는 방법은 각각 다르다. 교육에 있어서도 마찬가지다.

그렇다고 폭압적이고 비정하게 자녀를 대하라는 것은 결코 아니다. 독한 교육을 빙자해서 태만과 방치를 해서도 안 된다. 자녀가 자신이 감당할 수 있는 범위 내의 수고와 고통을 스스로 이겨 내도록 독려하고, 그래서 강인하게 성장할 수 있도록 깊은 관심을 가지고 지켜봐야 한다.

혹시 '무엇인가 해주는 것' '요구를 잘 들어주는 것' '무조건 관대한 태도를 유지하는 것'에 집착하지 않는가? 혹은 이것이 좋은 부모가 되는 길이라고 착각하지는 않는가? 자신이 어린 시절에 누리지 못한 이런 혜택을 자녀에게는 마음껏 누리게 하고 싶은 욕심에 빠져 있지는 않은가?

자녀에게 좋은 것을 주자. 그러나 그 좋은 것이 자녀가 지금 원하는 것과 일치할 필요는 없다. 오히려 어긋나는 경우가 더 많을 것이다. 독한 교육으로 자녀에게 찬란한 미래를 선물하자.

독한 조직 만들기

독한 사람들은, 특히 독한 리더들은 자신의 동료나 부하를 독한 사람으로 변모시키고, 그래서 독한 조직을 만들어낸다. 그들은 "좋은 게 좋은 거다"라는 오래된 말을 용납하지 않는다.

크게 힘든 일도 없으면서, 높은 보수를 받고, 질책을 받거나 갈등을 겪는 일이 없는 곳에서 일할 수 있으면 얼마나 좋겠는가? 사람들은 그런 곳을 '신(神)의 직장'이라고 부른다. 맞는 말이다. 그것은 어쨌든 인간의 직장은 아니니까.

어려움과 갈등이 없는 것은 좋은 상황이긴 하지만, 그것 자체가 목표가 될 수는 없다. 반대로 목표를 실현하기 위해서 작은 어려움과 갈등을 감수하는 독한 면모를 보일 때 진정으로 좋은 상황을 만들 수 있다.

좋은 리더가 되고 싶다는 사람들 가운데 일부는 무조건적 관대함을 민주적인 관리와 혼동한다. 감정을 폭발시키거나 분노하는 것은 옳지 않다. 어떤 경우에도 이것을 피해야 한다. 그러나 정당한 질책과 조정을 피해서는 안 된다. 이는 나약함일 뿐 좋은 리더십과는 한참 거리가 멀다.

어떤 조직이 독한 조직인가? 그것은 독한 사람의 경우와 별반다르지 않다. 독한 조직에는 원대한 비전과 사명이 있다. 그리고명확한 목표를 세우고, 그에 바탕을 둔 계획에 의해 일관되게 움직인다. 치열하게 열심히 일하고, 학습하며 자신을 성장시킨다.그래서 성과를 내고 그것으로 사회에 공헌한다.

이러한 독한 조직을 만들고자 하는 리더는 2가지 부분에 역점을 두어야 할 것이다.

첫째, 조직 구성원들이 각자 목표를 가지고 그것의 달성을 위해매진하도록 독려해야 한다. 물론 관대함과 칭찬이 필요하지만, 목표달성의 열의가 부족하거나, 아예 목표가 없는 경우까지 관대할 필요는 없다.

둘째, 구성원들이 변화하고 발전하도록 독려해야 한다. 진정한리더는 조직과 구성원들의 긍정적 변화를 일으키고 이를 선도해나간다.

피터 드러커는 리더를 "평범한 사람들이 모여 비범한 성과를 내도록 만드는 사람"이라고 했다.

자신이 책임진 사람들, 자신이 속한 조직을 독한 조직으로 만드는 사람들은 진정으로 독한 사람들이고, 진정한 공헌을 할 수 있다.

에필로그

　나는 과연 독한 놈인가? 감히 이렇게 독함을 재정의하고, 그것을 세상에 책으로 내놓을 만한 자격이 있는가? 글을 마치면서 이런 생각들이 밀려 왔다. 이제 이 글들이 내 손을 떠나 여러 사람들에게 전해진다는 생각을 하니 부끄러움과 두려움이 앞선다.

　그럼에도 불구하고, 부족한 글을 세상에 내놓겠다고 다시금 마음을 다 잡은 이유는 단 하나다. 내가 그동안 겪고, 느끼고, 생각한 것들을 나누기 위해서이다. 그것이 단 한 사람에게라도 변화의 계기가 된다면 나는 족할 것이다.

　글을 정리하면서 지나간 시간들을 되돌아보았다. 참으로 고마운 시간들이었다. 그 시간들이 결국 지금의 나로 단련시켜주었고 그로인해 남은 내 삶을 착한 독함으로 채울 수 있어 기쁘다.

　살아오면서 참으로 고마운 분들을 많이 만났다.

　저의 멘토로서 많은 가르침을 주신 이영권 박사님, 나에게 독함을 단련하는 구체적인 현장으로 안내해 주신 조신영 선생님, 다름의 미학을 일깨워주신 윤태익 원장님, 멘티로서의 삶의 모범을 보여주신 김효석

212

교수님, 한결같은 배움의 자세를 가르쳐 주신 백기락 회장님, 나눔의 큰 가치를 일깨워주신 이선구 이사장님, 10m 더 뛰어보라고 글로써 용기를 주신 김영식 회장님께 감사드린다.

그리고 살아 계셨다면 누구보다도 기뻐해주시고 격려해주셨을 하늘에 계신 아버지께 이 책을 바친다.

글을 마치며
황성진

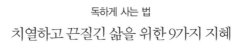

독하게 사는 법

치열하고 끈질긴 삶을 위한 9가지 지혜

1. 독함의 가치를 인식한다. 착해지고 싶으면 독해져야 함을 안다.

2. 숭고하고 원대한 가치와 이상을 품고, 이것을 소망하며 사랑한다.

3. 어렵지만 실현 가능한 목표를 세우고 그 실현을 믿으며 몰입한다.

4. 자신에 일에 철저하게 매진하고, 끊임없이 학습하며 자신을 계발한다.

5. 절제한다. 지독하게 인내하고, 유혹을 끊어내고, 버려야 할 것을 버린다.

6. 시련과 고통을 성장의 계기로 삼는다. 두려움과 걱정, 비굴함을 이긴다.

7. 지독하게 노력한다. 근면성, 책임감, 끈기를 갖춘 인생을 산다.

8. 검약한다. 독하게 아끼며, 가치 있는 일에는 독하게 쓸 줄 안다.

9. 사람을 얻는다. 진정으로 배려하되, 때로는 거절로 사랑을 표현한다.

독한 놈이 이긴다

1판 1쇄 인쇄 | 2010년 4월 2일
1판 1쇄 발행 | 2010년 4월 12일

지은이 황성진
펴낸곳 한스컨텐츠(주) | **펴낸이** 최준석
편집 · 디자인 네오북(주)

주소 121-842 서울시 마포구 서교동 463-15 대신빌딩 2F
전화 02-322-7970 | **팩스** 02-322-0058
출판신고번호 제 313-2004-000096호 | **신고일자** 2004년 4월 21일

ISBN 978-89-92008-39-6 13320